95 Thesen zu Schule und Bildung in Deutschland

Vorbemerkung

Bildung sei die wichtigste Ressource in einem rohstoffarmen Land wie Deutschland. Diese Lippenbekenntnisse werden von Politikern aller Parteien ständig formuliert. Wenn es dann aber darum geht, diese wichtige Ressource zu pflegen und zu vermehren, folgen diesen freundlichen Absichtserklärungen kaum jemals durchgreifende tatsächliche Reformen. Die dann gelegentlich halbherzig durchgeführten Reförmchen „verschlimmbessern" die Situation meist eher als dass sie eine durchgreifende Verbesserung bewirken. Ein Beispiel ist die Gemeinschaftsschule in Baden-Württemberg. Ein Konstrukt, das an der Lernwirklichkeit der Kinder völlig vorbeigeht.

Die Lehrer im Klassenzimmer, die gerne als »Pädagogen« bezeichnet werden, sind eher die Praktiker vor Ort, die sich jedoch nur selten wissenschaftlich mit Bildung und Erziehung auseinandersetzen. Deshalb werden hier als Pädagogen lediglich die „wissenschaftlichen Pädagogen" bezeichnet.

1

Die Studie "Level-One Survey (leo)" der Universität Hamburg im Jahr 2011 hat gezeigt, dass etwa 7,5 Millionen Bundesbürger sogenannte "funktionalen Analphabeten" sind. Die meisten kommen aus Haupt- und Förderschulen, aber auch Realschulabgänger gehören dazu. Etwa 57% der funktionalen Analphabeten sind erwerbstätig, meist in einfachsten Tätigkeiten, für die keine spezielle Ausbildung erforderlich ist, beispielsweise als landwirtschaftliche Helfer oder Hilfsarbeiter am Bau. Unser Rohstoff ist die Bildung, also das Wissen und Können der Menschen, sowie deren Leistungsbereitschaft und -fähigkeit. Wenn die Nachfolgegenerationen wirklich gut und sinnvoll ausgebildet würden, könnten wir uns die Diskussion um fehlende Fachkräfte schenken, denn dann wären solche vorhanden.

Bildungspolitik und Bildungstheorien unterliegen immer gewissen Schwankungen und Modeerscheinungen. So schlug das Pendel von der sogenannten „Schwarzen Pädagogik" des vorigen Jahrhunderts (teilweise bis in die Anfänge des 20. Jahrhunderts hinein), in der die Schule oft eher als Dressur- und Drillanstalt, anstatt als Ort des Lernens verstanden wurde, in die entgegengesetzte Richtung der momentanen pädagogischen Fantastereien und der „Schmusepädagogik" um.

Die heute vorherrschenden pädagogischen Theorien, die als Schlagworte durch nahezu jede pädagogische Diskussion geistern, (z. B. „selbstgesteuertes Lernen", „ganzheitliches Lernen", Lehrer als „Lernmoderator" und als „Lerncoach", "länger gemeinsam lernen", usw.) helfen weder den Kindern noch der Schule oder dem gesellschaftlichen System insgesamt, da sie von einem idealisierenden Menschenbild ausgehen, das es so in der Realität nicht gibt – und wohl auch nie geben wird. Solche und ähnliche, sich häufig auch noch widersprechende pädagogische Schlagworte ohne Inhalt führten unser Schulsystem im Laufe der letzten vierzig Jahre in ein unübersichtliches Chaos. Nicht „Utopia" sondern „Chaotika" wurde geschaffen. Diesen weltfremden Pädagogen mit ihren utopischen Visionen kann man nur das Wort (das nicht exakt belegt ist) unseres Altbundeskanzlers Helmut Schmidt entgegenhalten. „Wer Visionen hat, sollte zum Arzt gehen."

1. Politiker und Pädagogen reiten gerne „tote Pferde"

Eine alte Indianerweisheit besagt: "Wenn du merkst, dass du ein totes Pferd reitest, steig ab." Aber unsere Politiker und modernen Pädagogen bleiben auf dem toten Pferd sitzen und prügeln weiter auf dieses ein und behaupten, dass es schon wieder zum Laufen zu bringen sei.

Kein Politiker und kein Pädagoge ist bereit, zuzugeben, dass sich die Bildungspolitik in den letzten Jahrzehnten in die falsche Richtung entwickelt hat. Sie lassen lieber das gesamte Bildungssystem zu Bruch gehen, als einzugestehen, dass dringend die „Laufrichtung" geändert werden muss. Es genügt nicht, hier und da ein klein wenig an den meist auch noch falschen Stellschrauben drehen. Im bestehenden Bildungssystem muss grundsätzlich umgesteuert werden.

Der bisher propagierte Weg des vermeintlich leichten Lernens hat den Kindern, den Lehrern, den Eltern und dem gesamten System insgesamt mehr geschadet als genützt.

2. Das dreigliedrige Schulsystem war ein Erfolgsmodell für die optimale Förderung aller Schüler

Es ist eine unhaltbare Aussage, die man gelegentlich von polemischen Pädagogen hört, dass das dreigliedrige Schulsystem die frühere Ständegesellschaft widerspiegle. Seit dem 19.Jahrhundert, als das Schulwesen in Deutschland grundlegend neu organisiert wurde, gibt es das dreigliedrige Schulsystem, das unbestreitbar viele Erfolge aufzuweisen hatte – und eigentlich noch hätte, wenn es nicht von Politikern und Pädagogen systematisch diffamiert und damit ruiniert worden wäre. Die Qualität aller drei Schularten (nicht Schultypen – das ist etwas anderes), Hauptschule, Realschule und Gymnasium war sehr hoch. Zumindest konnte ein Hauptschüler, der nach der neunten Klasse(damals nach acht Jahren Schulzeit) die Schule verlassen hat, auf seinem Niveau lesen, schreiben und rechnen. Das war weit mehr, als das heute der Fall ist. Der Satz „never change a running system" hat für die Bildungstheoretiker und Bildungspolitiker offensichtlich keine Gültigkeit, denn mit einem (erfolgreichen) „running system" kann man sich ja nicht profilieren. Da muss schon ständig etwas Neues her.

3. **Die Bildungshoheit der Länder ist ein schädlicher Anachronismus**

Es kann und darf nicht sein, dass ein Abitur in Berlin oder Bremen anders gewertet werden muss als in Bayern oder Baden-Württemberg. Zwar sollen von der Kultusministerkonferenz vorgegebene einheitliche Standards gelten, aber das ist eine Illusion. Solange nicht bundesweite zentrale Prüfungen für alle Schularten durchgeführt werden, solange kann es kein einheitliches Niveau geben. Die Länder verteidigen zwar ihre Bildungshoheit mit Zähnen und Klauen, aber sie schaden damit der Bildung insgesamt. Es müssen deutlich mehr Kompetenzen an den Bund übertragen werden, damit die Schulabschlüsse vergleichbar werden.

4. **Schule ist hauptsächlich ein Lernort, in dem Lehrer ihren Schülern Inhalte und Kompetenzen nahebringen**

"Wozu ist die Schule da" titelte Hermann Giesecke 1996 (Giesecke, Hermann: Wozu ist die Schule da?; Klett-Cotta 1996) und gibt auch klare

Antworten. Auf den Punkt gebracht kann man mit Giesecke sagen: Die Schule ist in erster Linie dazu da, Kindern Wissen und Fertigkeiten zu vermitteln.

Das ist der eigentliche Sinn der Schule. Alles andere, was Schule in den Augen der Gesellschaft noch leisten soll, kann und darf nicht ihre Aufgabe sein. Neben dem reinen Faktenwissen vermittelt die Schule auch Kompetenzen.

Von F. E. Weinert wurde im Jahre 2001 die heute gängigste Definition zum Kompetenzbegriff formuliert. Vereinfacht gesagt kann man Kompetenzen demnach so beschreiben: *Kompetenzen = Wissen + Können (Fähigkeiten plus Fertigkeiten + Einstellungen.* Fähigkeiten bringen die Schüler mit, denn es handelt sich um eine genetische Disposition wie z. B. die Musikalität oder die Motorik. Die Fertigkeit ist die sogenannte Handwerkskunst, die man durch stetiges Üben erwirbt.

5. Politiker und Pädagogen ruinieren das Bildungssystem mit ständigen unnötigen Reformen

Pädagogen entwickeln ständig neue und angeblich bessere Konzepte für eine bessere Schule und für angeblich besseren Unterricht.

Diese „neuen und besseren" Konzepte, mit denen uns eine moderne Art von "Reformpädagogen" überschwemmt, haben den Niedergang des Schulwesens herbeigeführt und eine besorgniserregende Verschlechterung des Leistungswillens der nachwachsenden Generation hervorgebracht.

Auf diese Weise wurde völlig unnötig ein bis dahin erfolgreiches Schulsystem ruiniert.

Die Folge davon ist mangelndes Wissen, ungenügende Disziplin und fehlende Leistungsbereitschaft Schüler.

6. Politiker folgen teils unreflektiert den unausgegorenen Theorien der Pädagogen

Jede Reform, die nicht beim Schüler direkt ankommt und den Unterricht verbessert, ist Augenwischerei und der untaugliche Versuch, die eigene Unfähigkeit (die der zuständigen Politiker und Pädagogen) durch Aktionismus zu verschleiern. Es sind nicht nur einige wenige Ausnahmeerscheinungen, die unsere Bildungslandschaft negativ prägen, wie viele Pädagogen und Politiker behaupten. Es sind flächendeckende Fehlentwicklungen, die die Masse des einstigen Volkes der Dichter und Denker in ein Volk von sprachunfähigen Menschen verwandelt haben.

7. Pädagogen wollen den gesamten Alltag der Menschen beherrschen

In dem Bestreben, die Pädagogik als eigene, unverzichtbare Wissenschaftsdisziplin zu verankern, vereinnahmen Pädagogen inzwischen nahezu alle Lebensbereiche von Kindern, Eltern, ja der gesamten Gesellschaft. Dies ist ein untauglicher Versuch von Pädagogen ihre Existenzberechtigung nachweisen. Vom Kindergarten bis zur Erwachsenenbildung wollen diese Pädagogen den Menschen "ganzheitlich im Griff haben". Viele Menschen kommen mit den diversen sehr theoretischen Erziehungsratschlägen der Pädagogen und Psychologen nicht zurecht und sind überfordert. Sie vertrauen ihrem gesunden Menschenverstand (Kant) nicht mehr und geben die Erziehung ihrer Kinder teilweise völlig auf.

8. Pädagogische Theorien liefern selten bis nie brauchbare praxisnahe Handlungsanweisungen

Die gesamte heute existierende Erziehungswissenschaft scheint bei näherer Betrachtung ein sich selbst erhaltendes System zu sein, in dem Wissenschaftler für Wissenschaftler forschen und publizieren - oft ohne jeden erkennbaren Bezug zur realen Unterrichts- und Schulwirklichkeit. Es werden Theorien über Theorien zu anderen Theorien entworfen und mit Feuereifer vertreten. Diese pädagogischen „Forschungen" erwecken leider den Anschein, dass gelegentlich mehr geraten als geforscht wird.

Schon 1925 formulierte Siegfried Bernfeld in Sisyphos oder die Grenzen der Erziehung: „Denn die Pädagogik hält nicht, was man sich von ihr verspricht. Sie gibt keine klaren, eindeutigen, konkreten Anweisungen, ihre Mittel sind selten wirklich erfolgssicher, ihre Prognosen oft falsch, nie gewiss, immer in eine späte, unabsehbare Zukunft weisend."

In der Pädagogik bleibt meist alles im Unverbindlichen und es gibt kaum je konkrete Ergebnisse, die Lehrern, Schulleitern oder Eltern in ihrer

täglichen Erziehungsarbeit helfen
würden.

9. Schule ist keine Reparaturanstalt für falsche gesellschaftliche Entwicklungen

Schule kann kein Allheilmittel für
alle gesellschaftlichen
Fehlentwicklungen sein. Da wird ein
Anspruch an die Schule herangetragen,
der so nie und nimmer zu erfüllen
ist. Von der AIDS – Prophylaxe bis
zur Wertevermittlung und von der
Verkehrserziehung bis zur sozialen
Integration aller Randgruppen soll
die Schule alles richten, was
Politiker und Pädagogen versäumt
haben.
Schule ist keine Aufbewahrungsanstalt
für nicht beaufsichtigte Kinder und
Jugendliche. Schule ist schon gar
keine Besserungsanstalt für junge
Menschen, die sich bereits in frühen
Jugendjahren nicht in unserer
Gesellschaft zurechtfinden.

10. An unseren Schulen wird zu wenig Wert auf den sprachlichen und schriftlichen Ausdruck gelegt

„Sprache hat einen verblüffenden
Einfluss auf das Denken: Andere

11

können uns durch Wörter subtil manipulieren, und unsere Muttersprache beeinflusst sogar, wie wir die Welt sehen." (von Stefanie Schramm und Claudia Wüstenhagen in: http://www.zeit.de/zeit-wissen/2012/06/Sprache-Worte-Wahrnehmung) „Die Grenzen meiner Sprache bedeuten die Grenzen meiner Welt!" sagt Wittgenstein. Damit wird ausgedrückt, dass wir die Dinge, die wir nicht sprachlich erfassen können, auch nicht zu verstehen in der Lage sind. Sprechen und Denken hängen direkt zusammen. Der Verwendung der Sprache im alltäglichen Unterricht muss wieder deutlich mehr Aufmerksamkeit zuteil werden. Eine aufmerksame und differenzierte Verwendung von Sprache unterstützt auch ein differenziertes Verstehen der Welt um uns herum. Zudem wird die zwischenmenschliche Kommunikation gefördert und erleichtert.

11. **Schule ist keine sozialpädagogische Anstalt**
Einrichtungen, die nicht dem eigentlichen Wissens- und Bildungserwerb dienen, sind eher als sozialpädagogische Anstalten zu bezeichnen. In diesen geht es

vermehrt um die Regulierung von Fehlentwicklungen im persönlichen oder sozialen Verhalten. Das kann und soll nicht Aufgabe der „Normalschule" sein. In diesen speziellen Einrichtungen können die Defizite aufgearbeitet werden, die im wissensvermittelnden Unterricht nicht gelöst werden können.

12. Die Schule soll und kann die Familie nicht ersetzen

Der „Pädagoge dein Freund und Helfer" möchte die Schule allgemein als Lebensraum im Pestalozzi´schen Sinne der Wohnstube ausbauen. Pestalozzi hatte es zu seiner Zeit mit völlig anderen Kindern in völlig anderen Zusammenhängen zu tun. Das ist weltfremd und unrealistisch. Will man Schule zum Lebensraum machen, so gewinnt diese im Leben eines Kindes eine derart dominante Stellung, dass sie schon fast zu einer Art Familienersatz wird. Das kann und soll(te) nicht sein. Es ist eine Illusion, die familiäre Erziehung auf die Schule übertragen zu wollen.

13. Schule hat einen Bildungs- und Erziehungsauftrag

Landläufig (unabhängig von den vielen philosophischen Definitionen) versteht man unter einem gebildeten Menschen, einen, der ein gewisses (hohes) Maß an Wissen mit einer reifen, positiven Persönlichkeit verbindet. Bildung ist also auf bildungswirksame Inhalte ausgerichtet, die eine Persönlichkeit formen.

Die weitverbreitete „Gattung der Schmusepädagogen" meint anscheinend, dass man mit weniger Wissen und weniger Leistung mehr Bildung hervorbringen kann. Diese „pädagogische Erkenntnis" ist wahrlich nobelpreisverdächtig.

Schule hat schon immer erzogen – und tut dies meist auch heute noch (wenn man sie lässt). Wenn der Lehrer auf anständiges Benehmen achtet und das Sozialverhalten in der Klasse so regelt, sodass es möglichst keine Außenseiter und keine Aggressionen gibt. Erziehung ist auch, wenn er bei Schullandheimaufenthalten die teilweise ekelerregenden Essmanieren der Schüler korrigiert und wenn er auf respektvolle Kommunikation achtet. Erziehung ist auch, wenn er darauf besteht, dass das Klassenzimmer ordentlich verlassen wird und nach dem Unterricht nicht einer Mülldeponie gleicht. Die Schule ist aber primär eine Bildungs- und keine Erziehungsanstalt - auch wenn sich Unterricht und Erziehung letztlich nicht völlig voneinander trennen lassen.

14. Wissen ist die Basis jeglicher Bildung

Ohne Grundlagenwissen läuft gar nichts beim Lernen. „Wer hat, dem wird gegeben", sagt die Bibel (vgl. Mt 25,29). Also erst einmal Grundlagenwissen und dann vernetzen. Wer kein Grundlagenwissen mitbringt, wird zusätzliche Inhalte weder verstehen noch vernetzen können. Die heutigen Pädagogen unterschlagen gerne die unabdingbar notwendige Wissensvermittlung als Basis jeder Kompetenz. Bei Humboldt findet sich folgende Aussage:

„Es gibt unabweisbar gewisse Kenntnisse, die allgemein sein müssen, und noch mehr eine gewisse Bildung der Gesinnungen und des Charakters, die keinem fehlen darf. Jeder ist offenbar nur dann guter Handwerker, Kaufmann, Soldat und Geschäftsmann, wenn er an sich und ohne Hinsicht auf seinen besonderen

Beruf ein guter, anständiger, seinem Stande nach aufgeklärter Mensch und Bürger ist.

15. Wissen ist noch nicht Bildung, aber Bildung ohne Wissen gibt es nicht

Bildung ist jedoch nicht nur eine Frage von Wissen, sondern Bildung umfasst und erfasst den Menschen in seiner Gesamtheit. Jeder kann auf seiner individuellen Stufe gebildet sein; ein Handwerker ebenso wie ein Professor. Bildung hat immer etwas mit Selbstverwirklichung und persönlicher Weiterentwicklung zu tun. Deshalb ist es auch so verwunderlich, dass gerade die „Selbstverwirklichungspädagogen" den Bildungsbegriff im Humboldtschen Sinne so vehement ablehnen. Vielleicht kommt es daher, dass Bildung im Humboldtschen Sinne auf die Bildungswirksamkeit von Inhalten setzt. Bei den „neuen Pädagogen" spielt aber die Vermittlung von Inhalten ja nur noch eine untergeordnete Rolle. Bildung vollzieht sich aber an Inhalten – und das unabhängig von der Schulart. Jede Schulart vermittelt, auf dem jeweiligen Niveau, die ihr angemessenen Inhalte und ermöglicht damit Bildung – für die, die Bildung erwerben wollen. Wissen ist nicht Bildung – aber Bildung ohne Wissen gibt es nicht.

16. Bildung wird kaum noch nachgefragt

Bildung ist eine Hol- und keine Bringschuld. Bilden kann jeder nur sich selbst. Professor Bieri beschreibt dies folgendermaßen: „Bildung ist etwas, das Menschen mit sich und für sich machen: Man bildet sich. Ausbilden können uns andere, bilden kann sich jeder nur selbst. Das ist kein bloßes Wortspiel. Sich zu bilden, ist tatsächlich etwas ganz anderes, als ausgebildet zu werden. Eine Ausbildung durchlaufen wir mit dem Ziel, etwas zu können. Wenn wir uns dagegen bilden, arbeiten wir daran, etwas zu werden - wir streben danach, auf eine bestimmte Art und Weise in der Welt zu sein." (Wie wäre es, gebildet zu sein? Festrede von Prof. Dr. Peter Bieri - Rektorat Fabrikstrasse 2 CH-3012 Bern) Der Staat hat hier seine Hausaufgaben weitgehend gemacht – wenn auch manches verbessert werden könnte. Schulen sind vorhanden (wenn auch gelegentlich in einem beklagenswerten Zustand), Lernmittel sind frei

17

verfügbar, Lehrer, die sich (in der Regel) bemühen, sind ebenfalls da. Wo aber sind die Kinder, die diese Angebote abholen wollen, die sich bilden wollen?

17. Faktenwissen ist in unserer Gesellschaft für den weiteren Lebensweg unabdingbar

Viele der „neuen Pädagogen" wollen keine ganz verbindlichen Inhalte in den Bildungsplänen festgeschrieben sehen, weil Wissen ja angeblich eine so geringe Halbwertszeit besitzt, dass es sich nicht mehr lohne, Fachwissen zu erwerben. Wissen hat jedoch keine Halbwertszeit, denn Wissen zerfällt nicht, wie dies Atomkerne tun; Wissen wird ständig ergänzt und erweitert. Dies geschieht gegenwärtig tatsächlich in atemberaubend hohem Tempo. Um aber, bei dem rapiden Zuwachs von Fachwissen einigermaßen mithalten zu können, ist ein fundiertes Grundwissen notwendig, denn nur auf der Basis eines stabilen Wissensfundamentes ist es möglich, sich mit dem rasch erweiternden Wissen auseinanderzusetzen und dieses überhaupt verstehen zu können.

Bildung und damit Kompetenzen werden an Inhalten erworben.

18. Kreativ kann nur sein, wer das notwendige Faktenwissen besitzt

Dem Zitat „Genie ist Fleiß" (Zitat wird verschiedenen Autoren zugeschrieben: Fontane, Goethe, Fichte) kann man unumwunden zustimmen. Auch den Satz von Edison: „Genie ist 1% Inspiration und 99% Transpiration" kann man als Beleg für Fleiß und eigenes Nachdenken heranziehen. Anmerkung: Häufig hört man von Pädagogen das Argument, dass man nicht das Lernen von Inhalten oder das Nachvollziehen von Gedanken anderer Menschen schulen, sondern die Kreativität der Kinder fördern solle. Dabei wird gerne übersehen, dass Kreativität unter anderem – neben dem Nachdenken über Inhalte und Ideen – eine Folge von breitem Basiswissen und der Auseinandersetzung mit Gedanken anderer Menschen ist. Nur auf dieser Basis können sich eigene Gedanken entwickeln, können geniale Einfälle gelingen.

19. Kreativität schafft Urteilsvermögen auf der Basis von Wissen

Kreativität entsteht durch das Zusammenspiel von Begabungen, Wissen, Können, Motivation, und bestimmten Persönlichkeitseigenschaften.
Die kreative Persönlichkeit ist gekennzeichnet durch:
- Die Fähigkeit zur Entdeckung und Identifizierung von Problemen.
- Eine überdurchschnittliche Frustrationstoleranz; die Fähigkeit, innere Spannungen zu ertragen.
- Die Fähigkeit, eine Vielzahl von Einfällen zu produzieren.
- Flexibilität: Meinungen ändern, Wissen neu strukturieren.
- Überdurchschnittliche Energie
- Überdurchschnittlich sichere Urteilskraft.
- Ein breit gefächertes Wissen, das in bestimmten Bereichen weit in die Tiefe geht.
- Die Fähigkeit, die gefundenen Lösungen kommunizierbar zu machen.
Die Schule sollte kreatives Potential bei Kindern entdecken und fördern.

20. Heutige Ganztagesschulen helfen der Bildung nicht - es sind meist nur Aufbewahrungsanstalten

Eine sinnvolle Ganztagesschule, in der unterrichtet wird und in der

darüber hinaus die Kinder betreut und
in sozialer Hinsicht gefördert
werden, kostet richtig viel Geld.
Neben Lehrern brauchen diese Schulen
Psychologen, Sozialarbeiter und
pädagogische Betreuer, die die Kinder
am Nachmittag begleiten, betreuen und
auch bei persönlichen Problemen
helfen können. Das ist notwendig, da
Lehrer für den Unterricht gebraucht
werden.
Für viele Kinder und Jugendliche kann
die Ganztagesschule ein Segen sein,
denn so können sie den
problematischen Verhältnissen in
manchen Elternhäusern, oder dem
Alleinsein in der Villa entgehen. Und
viele Kinder sind auch dankbar dafür.
Aber noch einmal: das ist nicht
Aufgabe der Schule und der Lehrer,
sondern Aufgabe von speziellen
Betreuungsangeboten, die dann eben im
Verbund mit und unter dem Dach der
Schule stattfinden.
Im gesellschaftlichen Kontext
erscheint die Ganztagesschule eher
ein hilfloser Versuch zu sein,
Missstände in den Familien
auszugleichen. Hier werden
Verantwortlichkeiten verlagert.

21. Schule ermöglicht den Schülern eine sinnvolle Partizipation am Gesellschaftsleben

Kinder aller gesellschaftlichen Gruppierungen müssen auf das Leben in unserem Gemeinwesen vorbereitet werden.

Die Schule bietet hierfür eine geeignete Plattform. Jeder ist aber letztlich selbst dafür verantwortlich, ob er sich ins Gemeinschaftsleben integrieren möchte oder eben nicht.

Die Schule kann durch das gemeinsame Lernen in einer Schulklasse zwar mithelfen, eine Integration des Einzelnen in die Gesellschaft zu erleichtern, wenn aber im Elternhaus kein Interesse an Bildung und damit an gesellschaftlicher Teilhabe besteht, ist die Schule machtlos.

Schule ist nur eine von vielen Sozialisationsinstanzen – und noch nicht einmal die wichtigste. Die maßgebliche Sozialisationsinstanz (und damit verantwortlich für eine gelungene Integration) ist und bleibt die Familie, gefolgt von der sogenannten Gleichaltrigengruppe (Peer-Group).

22. Der Staat hat die Pflicht, die notwenige Infrastruktur für das Bildungswesen bereitzustellen, damit eine Integration von gesellschaftlichen Randgruppen und Zuwanderern gelingen kann

Mit „Wir schaffen das" ohne die notwenigen personellen und finanziellen Ressourcen auf allen Ebenen zur Verfügung zu stellen ist es nicht getan. So überfordert man die Schule, das Gemeinwesen und die gesamte Gesellschaft. Der Staat ist auf der Angebotsseite verpflichtet, die notwendigen Mittel bereitzustellen, damit eine Integration gelingen kann. Er ist letztlich nicht für die mangelnde Nutzung der Angebote haftbar zu machen. Er muss aber auch mit Regeln und deren Durchsetzung dafür sorgen, dass Integrationsverweigerer zur Verantwortung gezogen werden.

23. Viele Schulhäuser sind in einem beklagenswerten Zustand

Übel riechende Toiletten, defekte Dächer, Schimmel an den Wänden – Deutschlands Schulen ähneln in vielen Fällen Ruinen. Bisher hielt man das eher für ein ästhetisches Problem. Dabei geht es weit darüber hinaus, wie man an einer Schule in Berlin sieht (Die Zeit vom 05.01.2017). Viele Pädagogen fordern ständig eine positive Lernumgebung. Dazu gehören das Schulhaus, das Klassenzimmer und der Schulhof. Für ein ordentliches Schulhaus muss die Stadt oder Gemeinde sorgen. Im Schulhaus, in den Klassenzimmern und im Schulhof müssen die Lehrer für eine ordentliche und positive Umgebung sorgen. Doch leider ist dies nicht selbstverständlich; manche Schulhäuser gleichen eher Müllkippen als Lernräumen.

24. Eltern dürfen ihre Erziehungspflicht nicht auf die Schule abwälzen

Wenn Eltern ihre (verzogenen?) Kleinen mit sechs oder sieben Jahren in die Schule schicken, ist Vieles in deren Persönlichkeit und Charakter bereits festgelegt, wenn auch in Teilbereichen noch formbar. Und nun soll die Schule die Versäumnisse in der Erziehungsarbeit dieser ersten prägenden Jahre aufarbeiten. Eltern problematischer oder gar missratener Nachkommen leugnen in der Regel, dass es Versäumnisse in der Erziehung im Elternhaus gegeben hat. Solche uneinsichtigen Eltern wälzen die gesamte Verantwortung auf die Schule insgesamt und auf die einzelnen Lehrer ab.

25. Erziehung ist die Voraussetzung für erfolgreichen Bildungserwerb

„Bildungserwerb setzt erzogen sein voraus" kann man in der Bildungsphilosophie von W. Röhrs (Röhrs, Hermann (Hrsg.): Bildungsphilosophie (zwei Bände), Akademische Verlagsgesellschaft Frankfurt 1967) lesen. Die Kinder sollten bereits einigermaßen erzogen sein, wenn sie in die Schule kommen. Schule hat die Pflicht, dafür zu sorgen, dass Schüler, die lernen wollen, dies auch können. Dazu ist es notwendig, dass sie klare Forderungen an das Verhalten der Schüler stellt und diese auch durchzusetzen bereit ist. Jedes Verhalten hat eine Antwort verdient; positives Verhalten eine positive, bestätigende Antwort und negatives Verhalten eben eine negative, korrigierende Antwort. Negatives Verhalten zu ignorieren, wie es manche Pädagogen in den 70er, 80er und teilweise noch in den 90er Jahren propagiert haben, war mit eine der großen fehlgeleiteten pädagogischen Illusionen der letzten Jahrzehnte. Negatives Verhalten, das ignoriert wird, verschwindet nicht, sondern wird als Erfolg erlebt und damit noch verstärkt.

26. Die Lehrer sind nicht alleine am Erziehungs- und Leistungsnotstand schuld

Dass es zu viele schlechte Lehrer in allen Schularten gibt, wissen wir längst, aber diese sind nicht ursächlich für das mangelnde Lernverhalten und die schlechten Leistungen der Schüler verantwortlich zu machen. Da sitzen überbehütete, vernachlässigte, randalierende, dumme, kluge, fleißige, motorisch gestörte und "Lese-Rechtschreib-Geschwächte" mit einem vorlauten Mundwerk in einer Klasse zusammengefasst vor einem Lehrer, dem von Juristen nahezu alle Erziehungsmittel aus der Hand genommen wurden. All diese verschiedenen negativen Verhaltens- und Leistungsdispositionen soll der Lehrer nun mit den Schülern aufarbeiten. Dies ist eine schlicht unmögliche Aufgabe, die die Lehrer völlig überfordert. Dafür sind sie auch nicht Lehrer geworden.

27. Eltern und Juristen bringen die Lehrer sehr häufig in eine unwürdige Situation

Wenn Lehrer sich dem Erziehungsauftrag verweigern und nicht mehr auf die notwendige Disziplin im Klassenzimmer achten, so nicht deshalb, weil sie feige sind, sondern weil sie sich nicht, wenn sie korrigierend eingreifen, von Schülern, Eltern und Juristen beschimpfen lassen möchten, weil das doch alles nicht so schlimm sei und er sich nicht so haben solle. *In „Spiegel online" vom 23.06.2008 kann man erschreckende Beispiele für Elternverhalten auf Sanktionsmaßnahmen von Lehrern lesen. Da wurde z. B. das Verhalten des Lehrers einer Düsseldorfer Schule im Brief eines von den Eltern engagierten Anwalts an den Schulleiter als „Grenzüberschreitung" gewertet, nur weil der Lehrer einen Schüler, der Pups-Geräusche während einer Vorstellung im Theater imitiert hatte, ins Foyer verbannte.* Hier wären wohl besser die Eltern des Knaben zu rügen gewesen – ganz abgesehen von der Fragwürdigkeit des Verhaltens des Anwalts. Lehrer, die solche Anwürfen seitens der

erziehungsunfähigen Eltern und deren
Juristen ausgesetzt sind, haben
irgendwann keine Lust mehr, etwas
gegen rüpelhafte Schüler und deren
uneinsichtigen Eltern zu unternehmen.
Statt die Stellung der Lehrer
verantwortlich zu stärken,
demontieren manche Juristen mit ihren
teilweise abstrusen „Spass-Urteilen"
ganz systematisch deren Autorität.
Als Folge davon gehen die Lehrer in
die inneren Emigration und „reißen"
eben ihren Job ab. Das bedeutet
letztlich den Niedergang des
schulischen Miteinanders.
Nicht die Juristen dürfen in der
Schule das Sagen haben, sondern die
Lehrer mit ihrer pädagogischen
Verantwortung.

28. Schule hat einen Selektionsauftrag

Alle wollen Häuptling, keiner will
mehr Indianer sein. Welche anderen
Kriterien, wenn nicht der
Bildungsabschluss, sollen dann noch
als Voraussetzungen für gehobene
Positionen dienen? Eine Selektion
findet in jedem Fall statt – wenn
nicht in der Schule, dann eben später
mit anderen, härteren Kriterien.
Manche Pädagogen werden nicht müde zu
predigen, dass es keine Selektion in

der Schule geben dürfe. Wir leben
jedoch nicht in einer wunderbaren
Utopie, weil eine solche
unrealistisch ist und wohl nie geben
wird. Wir kommen nicht um eine
Selektion herum. Es sind nun einmal
nicht alle Menschen gleich
leistungsfähig.

29. Durch die Schule werden Berechtigungen als Zugang zu bestimmten gesellschaftlichen Positionen erteilt

Eine wichtige Aufgaben des
staatlichen Bildungssystems besteht
in seiner Statuszuweisung- oder
Platzierungsfunktion. In der Schule
werden Leistung und
Leistungsbereitschaft eines
Individuums gemessen. Entsprechend
seiner Leistungen wird dem einzelnen
Individuum ein möglicher Platz in
der Gesellschaft zugewiesen.
Bildungsabschlüsse und Zeugnisse
bestimmen letztendlich die
Berufschancen einer Person.
Steuerungsmittel sind in erster Linie
Zensuren und Abschlüsse, die eine
Person erreicht. Freilich ist die
Schule bei der Verteilung der
Lebenschancen nicht allein
ausschlaggebend; neben regionaler und

sozialer Herkunft, Begabung, Geschlecht, familiärer Beziehungen spielen nicht zuletzt auch Glück und Zufall eine große Rolle.

30. Masse statt Klasse. Nicht die Masse an Abiturienten zeugt von hohem Niveau eines Bildungssystems

„Am 31. Januar 1964 veröffentlichte der Lehrer Georg Picht in der evangelischen Wochenzeitung *Christ und Welt* den ersten von mehreren Artikeln zum Zustand des deutschen Bildungswesens. Er warnte darin vor einer "Bildungskatastrophe", die nur mit einem "Notstandsprogramm" verhindert werden könnte. Pichts Thesen klingen teilweise so vertraut, als wären sie dieser Tage formuliert worden" (Zeit Online vom 30.01.2014). Zu Zeiten von Picht gab es sicherlich zu wenig Abiturienten, vorhandenes Potential wurde nicht genutzt. Dass die Entwicklung aber einmal so verlaufen würde, dass jedem, der einen zusammenhängenden Satz formulieren kann, das Abitur bescheinigt wird, war weder sinnvoll und wohl auch nicht im Sinne Pichts. Wie drückte es vor Jahren ein emeritierter Professor in einem Vortrag aus: „In manchen

30

Bundesländern verhindert eigentlich nur noch ein Selbstmord das Abitur". Bis in die 90er Jahre hinein konnte man den Eindruck gewinnen, dass der Mensch erst mit dem Abitur anfangen würde.

Wenn aber nun jeder Abitur hat, die entsprechenden Positionen in Industrie, Handel und Wissenschaft jedoch nicht beliebig vermehrbar sind, setzt ein gnadenloser Kampf um die wenigen Führungspositionen ein. Wir bräuchten heute nicht über den Facharbeitermangel klagen, wenn die Weichen in den letzten Jahren richtig gestellt worden wären.

31. Schule muss in jede Richtung durchlässig sein

Es ist Aufgabe der Schule, vorhandene Potenziale bei Schülern herauszufinden, optimal zu fördern, zu erweitern und sinnvoll zu nutzen. Damit vielleicht erst später entdeckte Fähigkeiten dennoch genutzt werden können, muss das Schulsystem so durchlässig gestaltet sein, dass Übergänge von einer Schulart in eine andere relativ problemlos erfolgen können. Die Durchlässigkeit im Schulsystem war seit den 60er Jahren

immer gegeben. Das bedeutet jedoch
nicht, dass diese Durchlässigkeit
nicht auch noch verbessert werden
könnte. Es soll Professoren geben,
die zunächst „nur" eine Hauptschule
besucht haben, bevor ihre Fähigkeiten
entdeckt und gefördert wurden. Wer
den direkten schulischen Weg zunächst
nicht gehen wollte oder konnte, hat
nach einer Berufsausbildung noch
immer die Chance, über den so
genannten zweiten Bildungsweg sowohl
den Realschulabschluss als auch das
Abitur nachzuholen. Die
Durchlässigkeit ist gegeben, man muss
sie nur nutzen. Wer will der kann –
aber wollen muss man schon selbst.

32. Lehrer müssen für Ordnung im Klassenzimmer sorgen

Um der Disziplinlosigkeit in unseren
Klassenzimmern etwas Einhalt zu
gebieten, werden heute von manchen
Schulen Psychologen engagiert, um
sich zeigen zu lassen, wie man wieder
"Ordnung in den Laden" bringt.
Viele Lehrer wagen es heute nicht
mehr, zu erziehen; man hat es ihnen
zu lange nahezu unmöglich gemacht –
vielleicht können sie es schon gar
nicht mehr. Nun kommen also die
Psychologen die (teilweise) mit als

Ursache dieser schulischen
Erziehungsmisere angesehen werden
können, und erklären den Lehrern, wie
man Regeln einführt und diese dann
auch durchsetzt.
Da kommen dann oft umfangreiche
Regelwerke zusammen, die leider auch
so gar nichts nutzen. Es gibt Regeln,
die so selbstverständlich von einem
normalen Menschen (auch von einem
Jugendlichen) eingehalten werden
müssen, dass man diese nicht an die
Wand zu schreiben braucht.
Die Einstellung der Familie zum
Unterricht und zur Schule allgemein
prägt ganz entscheidend das Verhalten
der Kinder in der Klasse und beim
Lernen. Wenn Eltern positiv gegenüber
der Schule und dem Lernen eingestellt
sind, so werden sie für ein
angemessenes Verhalten ihrer Kinder
im Unterricht sorgen und das Lernen
verstärkend unterstützen. Zudem
müssen Lehrer so ausgebildet werde,
dass sie ohne fremde Hilfe mit
negativem Schülerverhalten umgehen
können. Nur bei extremem
Fehlverhalten von Schülern sollten
Psychologen oder Sozialarbeiter
hinzugezogen werden.

33. Die hierzulande praktizierte Inklusion verfehlt ihr Ziel

Der Grundgedanke der Inklusion liegt darin, dass alle Kinder, mit und ohne Behinderung, in der gleichen Schule und in gleichen Klassen unterrichtet werden sollen. Eine Beschulung in speziellen Sonderschulen wird heute von einer Gruppe von Pädagogen und Politikern als Separation betrachtet und sei deshalb abzulehnen. Ist es nicht eher so, dass die Inklusion eher Außenseiter produziert, als solche zu verhindern. Es ist gesellschaftlich absolut notwendig, die Hemmschwellen zwischen Nichtbehinderten und Behinderten abzubauen. Diese sollte man im außerschulischen Rahmen und nicht im leistungsorientierten alltäglichen Schulunterricht angehen. Über gemeinsame Sport- und Spielveranstaltungen böten sich an den Nachmittagen genügend Möglichkeiten, sinnvolle Kooperationen in Gang zu setzen, und damit Vorurteile abzubauen. In passenden Sonderschulen werden behinderte Kinder (gleichgültig mit welcher Behinderung) von speziell ausgebildeten Lehrern optimal gefördert und finden auf diese Weise

sehr viel eher zu einer stabilen
Persönlichkeit als in einer
Normalschule, in der sie eben
Außenseiter sind.

34. **Wissen, Können und
Leistungsbereitschaft der Schüler
haben in den letzte Jahren stetig
abgenommen**
In einigen Jahren wird man wissen,
dass diese Umstrukturierung des
Schulwesens keinerlei Verbesserung in
der Leistungsbereitschaft und der
Leistungsfähigkeit der Schüler mit
sich gebracht hat. Aber man wird in
Politikerkreisen jede noch so
sinnlose Reform alles als vollen
Erfolg darstellen, auch wenn die
Schüler eher schlechter als besser
geworden sind. In der Folge von
mangelndem Wissen, ungenügender
Disziplin und fehlender
Leistungsbereitschaft der
Schulabgänger läuft Deutschland
Gefahr, nicht mehr die einstmals so
geschätzte „deutsche Wertarbeit"
bieten zu können.

35. **Chancengleichheit ist eine Illusion**
Immer wieder wird die
Chancengleichheit ins Feld geführt,
um mehr Schüler zum Abitur zu

bringen. Die Idee der Chancengleichheit ist eine Illusion, die sich idealtypisch nie wird realisieren lassen. Die Chancengleichheit hört spätestens bei der Zeugung auf. Je nachdem, in welches Bett man geboren wird, hält das Leben mehr oder weniger Vergünstigungen bereit. Das mag für manche Utopisten unerträglich sein, aber so war und ist nun mal die Realität, auch wenn man dies noch so sehr bedauern mag.

In einem Akademikerhaushalt erfährt ein Kind in der Regel sehr viel mehr Förderung als in einem Unterschichthaushalt.

36. Chancengerechtigkeit ist realistischer als Chancengleichheit

In einer funktionierenden Demokratie haben aber auch sogenannte „Unterschichtkinder" eine reelle Chance auf Bildungserwerb und gesellschaftlichen Aufstieg – wenn sie zum einen die notwendigen intellektuellen Fähigkeiten besitzen, den eisernen Willen haben und zum anderen von den Eltern gefördert und gefordert werden.

Bildungsfern sind Schichten, die ihre Kinder von Bildung und Ausbildung fernhalten. Wichtig dabei ist, dass diese Gruppen ihre Kinder nicht nur von der Schule, sondern von jeder Art von Ausbildung abhalten. Es bringt aber nichts, zu leugnen, dass es Bevölkerungsgruppen (das sind nicht nur Einzelfälle) gibt, das sich standhaft weigern, Verantwortung für das eigene Leben zu übernehmen. Gemeint sind die, die auf Kosten der Allgemeinheit ein gar nicht so schlechtes Leben führen. Bei www.stern.de konnte man bereits am 22.12.2004 lesen, dass das wahre Elend der Unterschicht nicht die "Armut im Portemonnaie, sondern die Armut im Geiste" sei. Die neue Armut findet also im Kopfe statt. "Vor allem an seinem mangelnden Bildungsinteresse erkenne wir die Unterschicht" (Spiegel online vom 16.09.2006). Dieses „neue Proletariat" ist nicht zu vergleichen mit dem "alten Proletariat", das sich meist bemühte, durch eigens gegründete Arbeitervereine und Sonntagsschulen Bildung als Mittel zum sozialen Aufstieg zu erwerben.

37. Das Gerede über die ungerechte Chancenverteilung in Deutschland geht eindeutig an der Realität vorbei

In kaum einem anderen Land ist das Bildungssystem so gut ausgeformt wie in Deutschland (war es zumindest bis heute). In Deutschland spielen Privatschulen noch eine untergeordnete Rolle. Es ist allerdings auch hierzulande ein verstärkter Zulauf an die Privatschulen erkennbar.
Privatschulen kosten Geld und sichern den Kindern meist eine intensive und individuelle Förderung. In vielen anderen Staaten spielt das privat bezahlte Schulwesen eine wesentlich stärkere Rolle als in Deutschland. Vielleicht sollte man aus dieser Tatsache einmal den Schluss ziehen, dass das kostenfreie staatliche Schulwesen in Deutschland (noch) so gut ist, dass Privatschulen für ein höheres Bildungsniveau nicht benötigt werden. Vom Kindergarten bis zur Universität müssen alle Bildungseinrichtungen kostenlos sein. Bis auf den Kindergarten stimmt dies in Deutschland auch. In kaum einem anderen Land sind aus diesem Grund die Chancen für einen Bildungsaufstieg so gut wie in Deutschland.
Dennoch schicken immer mehr Eltern, die es sich leisten können und die

sich um die Qualität an den staatlichen Schulen Sorgen machen, ihre Kinder auf Privatschulen. Dass Kinder aus der Unterschicht weniger häufig an den Universitäten zu finden sind, liegt nicht am System sondern hat andere Gründe.

38. Internationale Vergleiche sind sinnlos, da meist Birnen mit Äpfeln verglichen werden

Um irgendwelche Reformen zu rechtfertigen, werden gerne Vergleiche mit Bildungssystemen anderer Länder, vor allem mit den skandinavischen Ländern angestellt. Da werden von Pädagogen Soziologen dann wirklich Äpfel mit Birnen verglichen. Normalerweise ergeben Vergleiche nur dann einen Sinn, wenn man gleiche oder ähnliche Systeme zueinander in Beziehung setzt. In Finnland z. B., das so gerne von den „Zukunftspädagogen" ins Feld geführt wird, herrschen so vollkommen andere Verhältnisse in der gesamten Bildungslandschaft, dass sich jeder Vergleich verbietet. Gerade in Finnland, das ja so vorbildlich sein soll, wird ein ziemlich restriktiver Frontalunterricht praktiziert. Thelma von Freymann: „Finnische Lehrkräfte geben Frontalunterricht, mit dem kein deutscher Lehramtsanwärter vor einer Prüfungskommission bestünde. In den Klassenräumen steht immer noch das Katheder auf dem Podium, wie man es hierzulande nur noch in Schulmuseen besichtigen kann. Die Schüler sitzen an Einzelpulten, die sich nicht dazu eignen, zu einer Arbeitsfläche für Gruppenarbeit zusammengerückt zu werden…"

Die Leistungsfähigkeit der Schule hängt nicht von einem speziellen Schulsystem ab.

Gut ausgebildete Lehrer, klare Leistungsanforderungen und lernwillige Schüler sind für erfolgreichen Unterricht und damit für gute Schulleistungen von ausschlaggebender Bedeutung.

39. Bildungspläne sind in vielen Fällen völlig unzureichend

Es ist Aufgabe der Schule und der Schulpolitik geeignete und verbindliche Inhalte auszuwählen und in Bildungsplänen verbindlich festzulegen. Man kann Themen nicht willkürlich austauschen, um eine bestimmte Kompetenz zu erwerben. Es muss klar sein, mit welchen Lerngegenständen sich ein

Realschüler, der nach der zehnten
Klasse entlassen wird,
auseinandergesetzt hat und mit
welchem Wissen und Können er die
Realschule verlässt.
Bildungspläne müssen so beschaffen
sein, dass Wissen und Bildungserwerb
wieder klar an Inhalte gekoppelt sind
und deutlich ausformuliert werden.
Der Rahmen mus inhaltlich
festgeschrieben sein. Darüber hinaus
sollte es wahlfreie Bereiche als
Ergänzung geben.

40. Der sogenannte Paradigmenwechsel von Inputorientierung zur Outputorientierung ist reiner Etikettenschwindel

Jeder Unterricht, der mit einer
Prüfung endet, ist letztlich immer
outputorientiert. Unabhängig vom
Input durch den Bildungsplan legt die
Prüfungsordnung fest, was ein Schüler
am Ende einer bestimmten Klassenstufe
beherrschen muss, wenn er die Prüfung
bestehen will. Das ist weder neu noch
besonders bahnbrechend.

41. Bildung kann man kaum bis gar nicht evaluieren

Was sind Standards allgemein und was
sind dann Bildungsstandards? Kann man

Bildung standardisieren? Standards sind Übereinkünfte über die Qualität eines Produktes oder das Niveau eines Abschlusses.
Für die Bildungspläne von Baden-Württemberg gilt:
„Bildungsstandards legen fest, über welche fachlichen, personalen, sozialen und methodischen Kompetenzen die Schülerinnen und Schüler bis zum Ende einer bestimmten Klassenstufe verfügen müssen." (Siehe Landesbildungsserver Baden-Württemberg)
Standards beschreiben also Kompetenzen. Da Kompetenzen sehr unterschiedlich definiert und beschrieben werden, erscheint es zumindest recht fragwürdig, Standards in Bildungsplänen verankern zu wollen.

42. Die in manchen Bundesländern existierenden Fächerverbünde verhindern Lernen eher, als dass sie dies voranbringen

Eine weitere Fehlentwicklung, in verschiedenen Bildungsplänen die die Qualität von Unterricht grundlegend schädigt, sind die sogenannten Fächerverbünde, also die Zusammenlegung bisher getrennt unterrichteter Fächer zu einem neuen Fach. Diese Fächerverbünde wurden in allen Schularten eingeführt. Man will, so die Meinung der Schöpfer und Befürworter der Fächerverbünde, vernetztes Denken in Sinnzusammenhängen fördern. Kinder sollen nun vernetzt denken lernen. Das ist ja aber auch ganz neu! Was will man denn aber vernetzen, wenn inhaltlich nichts mehr da ist, was man verbinden könnte? In diesen Fächerverbünden wird weder fachliches Wissen noch vernetztes Denken gefördert. Es dürfte wohl kein Zweifel daran bestehen, dass guter Unterricht bei guten Lehrern – in allen Schularten - immer schon dafür gesorgt hat, dass einzelne Wissenselemente nicht unverbunden nebeneinanderstehen blieben, sondern zu einem geistigen Netzwerk verbunden wurden. Dazu sind wahrlich keine Fächerverbünde nötig.

43. Leistungsbeurteilungen sind notwendig

Es ist eine Illusion, zu glauben, dass man Leistungsbeurteilungen völlig abschaffen kann. Das gesamte menschliche Leben baut auf Beurteilungen und Bewertungen auf.

Gleichgültig, ob beim Autokauf oder
bei der Partnerwahl – alle
Entscheidungen basieren auf
Bewertungen. Im einen Fall eher auf
rationalen (hoffentlich) und im
anderen Fall auf eher irrationalen,
unbewussten Vorgängen. Aber immer
sind es Beurteilungen.
Weshalb sollte man also gerade in der
Schule auf Leistungsbeurteilungen
verzichten? Kinder wollen sich, so
zeigt die Praxis, auch leistungsmäßig
innerhalb einer Gruppe verorten
können. In der Regel wollen und
suchen Kinder den Wettbewerb, sie
wollen sich messen – auch in den
Leistungen in den Fächern.
Im Internet wird ständig bewertet.
Jeder Verkäufer im Netz möchte sofort
nach einer Transaktion eine
bewertende Rückmeldung bekommen. Auch
die sogenannten „likes" sind nichts
anderes als Bewertungen; hier hört
man von den Pädagogen keinen
Einspruch.

44. Schulnoten sind unabdingbar um Schülerleistungen zu beschreiben

Wer alles und jeden im Bildungswesen
evaluieren möchte, der muss auch die
Schüler evaluieren. Deren Leistungen
werden gemessen und daraus sollten

Konsequenzen gezogen werden.
Evaluation ist – einfach formuliert –
Datenerhebung zur Feststellung eines
Iststandes und daraus folgende
Konsequenzen für die Zukunft. Der
Iststand wird durch die Noten
ermittelt. Die Noten geben dem
Schüler selbst, dem Lehrer und den
Eltern Auskunft über den Iststand des
Schülers bezüglich seines Engagements
und seiner fachlichen Leistungen und
auch über seine Verhalten.

45. Ziffernnoten sind besser als sogenannte Verbalbeurteilungen

Einige Pädagogen meinen, dass
Ziffernnoten sowieso völlig falsch
seien und durch Verbalbeurteilungen
ersetzt werden müssten, da diese sehr
viel individueller und
aussagekräftiger seien. Beurteilung
ist Beurteilung. Ob man einem Schüler
eine „4" erteilt, oder ob man in
Worten ausformuliert, dass die
Leistungen nicht ganz den Erwartungen
entsprechen, bleibt sich letztendlich
völlig gleich. Negative
Formulierungen soll der Lehrer ja –
wie in den Arbeitszeugnissen der
Wirtschaft – nicht verwenden. So
kristallisieren sich dann wieder –

wie in der Industrie –
Formulierungsfloskeln heraus, die von
jedem Lehrer standardmäßig übernommen
werden. Selbst die GEW hat solche
Formulierungshilfen veröffentlicht –
was natürlich nur der ganz
individuellen Beurteilung dienen
soll. Es ist schön zu sehen, wie man
sich da selbst widerspricht. Schreibt
ein Lehrer, dass sich ein Schüler
bemüht hat, so weiß jeder, der das
Zeugnis liest, dass der „liebe
Kleine" wohl nicht „so ganz helle"
ist. Noten, die einer klaren
Definition unterliegen, sind –
richtig verwendet – ein einfaches,
wirksames und sinnvolles
Dokumentationsinstrument. Auch
Menschen aus den so genannten
bildungsfernen Schichten, die bei
schriftlich ausformulierten
Beurteilungen wohl häufig Probleme
haben, diese zu verstehen, wissen,
was eine „3", oder „4" ist.
Will der Lehrer darüber hinaus den
Eltern zusätzliche Informationen
zukommen lassen, so ist das
persönliche Gespräch noch immer der
bessere Weg. Hier kann der Lehrer
dann wirklich individuell auf die
jeweiligen Leistungen der Kinder
eingehen.

46. Erweiterte Formen der Leistungsmessung waren schon immer vorhanden

Da man die Leistungsbeurteilung in der Schule nicht ganz abschaffen konnte und kann, hat man ganz bedeutsam auf andere Formen einer erweiterten Leistungsbeurteilung verwiesen. Auch das ist ein „alter Hut". Gute Lehrer haben schon immer ein umfassenderes Leistungsverständnis gehabt und haben nicht nur mechanistisch die vorliegenden Klassenarbeiten als Beurteilungsgrundlage genommen. Sie haben andere erbrachte Leistungen, wie Hefte, Referate oder praktische Arbeiten mit zur Notenfindung herangezogen.

47. Jede Beurteilung ist letztlich immer subjektiv

Nun wird der Leistungsbeurteilung seit Langem vorgeworfen, sie sei in hohem Maße unzuverlässig, da sie subjektiv sei. Jede Leistungsbewertung, ob in der Schule oder der Industrie ist letztlich immer subjektiv. Das ist so und wird sich auch nicht ändern, solange Menschen Leistungen bewerten. Mit dem

Manko der subjektiven Leistungsmessung muss unsere Gesellschaft leben. Man kann mögliche subjektive Fehlurteile durch größtmögliche Professionalisierung minimieren, aber nie völlig ausschalten. Gleichgültig, ob ein Verein einen neuen Vorsitzenden wählt, oder in einer Firma eine Führungskraft eingestellt werden soll, es sind letztlich immer subjektive Beurteilungskriterien, die den Ausschlag geben. Jede Wahl beruht auf Beurteilungen – und jede Beurteilung ist subjektiv. Was soll also das Gejammer über vermeintlich subjektive Schulnoten?

48. Kopfnoten sind wichtig

Die sogenannten Kopfnoten „Verhalten", „Mitarbeit" sind im Zeugnis den Fachnoten vorangestellt und beschreiben, wie ein Schüler sich in der Schule verhält und wie er sich engagiert. Das war und ist sinnvoll. Man kann darüber diskutieren, ob die Kopfnoten weiter ausdifferenziert werden sollten – aber man kann sie nicht zur Disposition stellen. Es gibt bis heute Forderungen von manchen Pädagogen, die Kopfnoten völlig abzuschaffen. Es sei

diskriminierend, einen Schüler mit
einer schlechten Kopfnote in
Verhalten oder Mitarbeit
auszustatten, da er ja dann
vielleicht Probleme bei der
Stellensuche bekommen könnte.
Andererseits helfen gute Kopfnoten
dabei, schneller einen guten
Ausbildungsplatz zu finden. Viele
Betriebe achten zu Recht sehr auf die
Kopfnoten, da es für sie wichtig ist,
Auszubildende zu bekommen, auf die
sie sich im Verhalten und der
Arbeitsbereitschaft verlassen können.
Kopfnoten sollten bis in die
Abschlussklassen vergeben werden.
Kopfnoten sollen kein Abrechnungs-
oder gar Racheinstrument für
frustrierte Lehrer sein. Kopfnoten
sollen dokumentieren, dass ein
Schüler zuverlässig und fleißig ist –
oder eben nicht.

49. Die „Abnehmer" der Schulen verlassen sich schon lange nicht mehr auf die Zeugnisnoten

Industrie und Handwerk beschweren
sich immer häufiger und immer
heftiger darüber, dass viele unserer
Schulabgänger nicht ausbildungsfähig
seien. So haben manche
Industriebetriebe bereits interne

Nachhilfe für ihre Auszubildenden organisiert. Mit solchen Maßnahmen versuchen die Betriebe, ihren Auszubildenden erst einmal die Basiskompetenzen wie Lesen Schreiben und Rechnen beizubringen. Das wäre eigentlich die ureigenste Aufgabe der Schule. Hier versagt die Schule, weil Pädagogen mit unausgegorenen Theorien das Lernen nahezu lahmlegen. Pädagogen, wir loben euch!

50. Assessment-Center sollten die Eignung für den Lehrerberuf feststellen

Vor dem eigentlichen Studium soll ein Auswahlverfahren in einem Assessment-Center stattfinden. Ein solches Verfahren bietet zwar keine 100%ige Gewähr für die Berufseignung, aber es zeigt zumindest, sowohl dem Bewerber als auch den Beratern eine gewisse Eignung für den Lehrerberuf – oder eben nicht.

Assessment-Center haben die Aufgabe, Personalentscheidungen zu unterstützen, indem sie die fachlichen, persönlichen, sozialen Fähigkeiten von Bewerbern erforschen. Dabei wird auch gleichzeitig die Stressresistenz in Belastungssituationen ermittelt. Dieses Verfahren sollte von

geschulten Kräften durchgeführt
werden und ist damit nicht billig.
Aber die Kosten für eine berufliche
Fehlentscheidung von Lehrern sind
letztlich bedeutend höher – sowohl
für den Bewerber als auch für die
staatlichen Institutionen.

51. **Schüler sollten sich die Unterrichtsmaterialien wieder selbst kaufen müssen**

In Zeiten knapper Kassen könnten die
Kommunen finanziell ziemlich stark
entlastet werden, wenn sie nur noch
Bücher, Taschenrechner oder andere
Schulmaterialien für die wirklich
Bedürftigen zur Verfügung stellen
müssten.
Lernmittelfreiheit gibt es seit den
50er Jahren. Die Beschaffung der
Schulbücher bleibt aber prinzipiell
Aufgabe der Familien. (Vgl.
www.schulbuchportal.de)
Wer es sich nicht leisten konnte,
bekam schon immer die notwendigen
Schulbücher kostenlos gestellt. Das
war gut und sinnvoll und niemand hat
sich zu dieser Zeit darüber
beschwert, dass es menschenunwürdig
sei, Anträge zu stellen.
Das Gejammer über teure Schulbücher
könnte übrigens in manchen Fällen

schnell mit dem kleinen Hinweis auf den Verzicht eines neues Videospiels entkräftet werden.

Eigene Bücher hätten zudem den großen Vorteil, auch in höheren Klassen noch einmal in einem "alten" Buch nachschlagen zu können. Bücher haben einen Wert als Bildungsgut. Wer keinen inneren Zugang zu Büchern hat, wird sich auch immer schwertun mit einem Zugang zur Bildung.

52. Normaler Unterrichtsausfall ist keine Gefahr für den Lernerfolg der Kinder

Wenn Politiker das Wort "Unterrichtsausfall" hören, zucken sie zusammen und beginnen sofort hektisch, Statistiken erstellen zu lassen. Nach dem Alarmruf „Unterrichtsausfall" werden von Schulleitern in untertänigem Gehorsam Vertretungsstunden angeordnet. Diese sind in der Regel unnötig und unwirksam, was die Leistung der Schüler betrifft.

Es ist, am Rande bemerkt, interessant zu beobachten, dass Eltern beim Schulleiter immer häufiger nachfragen, ob man den Sohn oder die Tochter vor den Ferien nicht drei Tage früher entlassen könne, da man dadurch so einen günstigen Flug buchen könnte. Da spielt dann

Unterrichtsausfall plötzlich keine
Rolle mehr. Die Eltern sollten - wenn
sie sich schon wieder einmal
reflexartig beschweren wollen -
lieber darum kümmern, dass an der
Schule ihres Nachwuchses bis kurz vor
Schuljahresschluss auch im Unterricht
etwas Sinnvolles stattfindet und dass
das Schuljahr nicht bereits zwei
Wochen vor seiner Beendigung nur noch
inhaltsleer „auströpfelt". Fällt an
einer Schule wirklich massiv
Unterricht aus, weil die
Lehrerversorgung zu gering ist oder
weil Lehrer langfristig erkrank sind,
so ist der Staat verpflichtet, Lehrer
einzustellen. Hier sollten Eltern
dann wirklich Druck machen. Es kann
nicht sein, dass Regelstunden
entfallen, weil zu wenig Lehrer zur
Verfügung stehen.

53. Durch den Computer im Unterricht werden die Schüler nicht schlauer

Wer glaubt, durch Computer würden die
Schüler schlauer und das Lernen
leichter, der irrt. Lernen ist und
bleibt individuell und anstrengend.
Man kann den Umgang mit dem Computer
zwar als „vierte Kulturtechnik"
ansehen, aber sehr viele, wohl die
meisten Kinder beherrschen dieses

Instrumentarium bereit, wenn sie in die Schule kommen. In der Schule kann dann nur noch auf einen sinnvollen Umgang mit diesem Medium hingearbeitet werden. Der Computer ist ein Hilfsinstrument und sollte in der Schule keinen zu großen Stellenwert bekommen. Hier wäre in der Lehrerausbildung eine allgemeine Mediendidaktik notwendig. Auch computerbasiertes Lernen ist nur so gut, wie der Lehrer, der es einsetzt. (Vgl. Stoll, Clifford: Logout).

54. Die ständige Evaluation ist unsinnig, kostet viel Geld und bringt wenig bis nichts

"Vom vielen Wiegen wird die Sau nicht fetter." Sagt ein altes Sprichwort. So verhält es sich momentan mit der Datensammelwut im Bildungsbereich. Durch das ständige Datensammeln werden die Schüler nicht schlauer. Selbstevaluation, Fremdevaluation und die große Panik davor – bei Schulleitern, Lehrern, bei Seminaren und allen anderen Bildungseinrichtungen im Land. Alles und jeder wird evaluiert. Da kommen Evaluatoren von außerhalb in die Schulen und beginnen Daten zu sammeln. Sie führen Interviews mit allen Beteiligten, lassen Fragebögen ausfüllen und besuchen u.a. auch Unterricht. Sie schreiben dann Berichte, führen Nachgespräche. Letztlich hat eine Evaluation keinerlei Konsequenz. Da werden unverbindliche Ratschläge gegeben und fertig. Bildung und Erziehung lassen sich nicht so einfach messen wie die Produktionsleistung in einem Industriebetrieb. Dies gilt hier ebenso wie für die Standardisierung im Bildungswesen. Evaluation ist letztlich ein Instrumentarium, das von der Industrie übernommen wurde. Ein Instrumentarium, das von einem System auf ein anderes übertragen wurde, ohne die Kompatibilität zu prüfen. Selbstverständlich müssen Lehrer sich überprüfen lassen. Das kann durch unangekündigte Unterrichtsbesuche durch Schulleiter oder Schulaufsichtsbeamte geschehen. Diese einfachen Instrumentarien würden völlig ausreichen, um die Qualität von Unterricht zu sichern. Natürlich müssten die Menschen, die den Unterricht besuchen auch entsprechend geschult werden.

55. Guter Unterricht ist von der Lehrer-Schüler-Beziehung abhängig

„Was ist guter Unterricht?". Das ist die Frage „nach des Pudels Kern". Eine unüberschaubare Anzahl von Büchern widmet sich diesem Thema. Einen Konsens gibt es nicht, kann es nicht geben, da die einen vom Unterricht etwas anderes erwarten als die anderen. Zentrales Element eines Unterrichts, der das Prädikat „gut" verdienen würde, ist das Denken. Der Lehrer „verführt" seine Schüler zum Denken. Guter Unterricht ist für Lehrer und Schüler anstrengend, denn wirklich „guter Unterricht" ist Arbeit. Der Lehrer muss in der Lage sein, eine positive Lehrer – Schüler – Beziehung herzustellen. Ohne eine gute Lehrer – Schüler – Beziehung läuft jeder Unterricht ins Leere. Der Schüler ist an dieser Beziehung aktiv beteiligt. Der Schüler, der guten Unterricht erleben will, muss sich aktiv einbringen und darf die Mühe des Mitdenkens nicht scheuen.

56. Der wesentliche Faktor für guten Unterricht ist der Lehrer

Die Person des Lehrers, seine Persönlichkeit ist das maßgebliche Kriterium für guten Unterricht. Er muss vor allem hinter dem stehen, was er tut, er muss sein Fach gerne, ja leidenschaftlich vertreten und er muss in der Lage sein, die Begeisterung für sein Fach auf die Schüler überspringen zu lassen. Ein Lehrer ist dazu da, sein Wissen so aufzubereiten, dass es dem Schüler (oder zumindest einigen von ihnen) gelingt, sich mit den Inhalten vertraut zu machen, diese zu verstehen und zu weiterführenden eigenen Gedanken zu kommen. Aber auch der beste Unterricht erspart dem Schüler nicht die Anstrengung, seinen eigenen Verstand zu gebrauchen. Das Angebot des Lehrers muss fachlich, sachlich und methodisch bestens durchdacht, vorbereitet und präsentiert werden. Ob der Schüler das Angebot annehmen kann oder will, ist seine Sache.

57. Gute Lehrer praktizieren guten Unterricht

Was ist ein guter Lehrer? Ist ein guter Lehrer einer, bei dem alle gute Noten bekommen? Ist es einer, der es allen, Kindern, Eltern, Kollegen, Schulleitung und Schulaufsicht, recht machen will (unmöglich). Ist es einer, der allseits bei den Schülern beliebt ist? (Der allseits Beliebte muss nicht immer der „Gute" sein.)

Ist es einer, bei dem die Schüler viel lernen? Es gibt keine einheitliche Beschreibung, jeder versteht unter einem guten Lehrer etwas anderes. Aber eines dürfte ganz sicher sein: Schüler wollen keine fachlichen und menschlichen „Weicheier" als Lehrer. Gute Lehrer praktizieren guten Unterricht - sehr häufig auf einer rein intuitiven Ebene. Sie wissen einfach, wie man guten Unterricht hält.

58. Gute Lehrer sind in der Erziehung konsequent

Konsequenz in der Erziehung ist ein wesentlicher Faktor, der den guten Lehrer ausmacht. Hier sündigen Lehrer mindestens so oft wie die Eltern zu Hause. Unmissverständliche Regeln geben und darauf bestehen, dass diese auch eingehalten werden. Bei Nichtbeachtung der Regeln werden klare und dem Schüler bekannte Sanktionen verhängt. Schüler wollen keine inkonsequenten „Kuschelpädagogen", sie wollen faire und gerechte Lehrer, die etwas fordern – auch auf der Ebene des Verhaltens.

59. Der Lehrer muss fachlich versiert und engagiert sein

Er muss sein Fach, seine Fächer durch und durch beherrschen, denn „nichts ist schrecklicher als ein Lehrer, der nicht mehr weiß, als das, was die Schüler wissen sollen"(Goethe). Ein Lehrer muss wieder den Mut haben, auf der Basis seines Fachwissens zu lehren und zu unterrichten. Es ist eine Binsenweisheit, dass nicht automatisch ein guter Fachmann auch schon per se ein guter Lehrer ist. Aber ohne Fachwissen ist er es ganz sicher nicht. Lehrer müssen sich fachlich immer auf dem neuesten Stand befinden. Es kann und darf nicht sein, dass ein Lehrer die neuesten Forschungen zu seinem Fach nicht kennt.

60. Gute Lehrer sind gute Führungskräfte

Der Lehrer ist eine Führungskraft und muss dieser Rolle auch gerecht werden. Was sind die Aufgaben einer Führungskraft? Eine Führungskraft plant, leitet und kontrolliert die Arbeit einer bestimmten Gruppe. Die Führungskraft ist den anderen übergeordnet und kann ihre Vorstellungen auch gegen den Willen der Gruppe durchsetzen.

61. Führung hat auch immer etwas mit Macht zu tun

Führung und Machtausübung hängen ganz wesentlich von der jeweiligen Persönlichkeit ab. Die Persönlichkeit des Lehrers ist es, die seinen Umgang mit der Macht prägt. Der Lehrer muss seine „Macht" zur Aufrechterhaltung der Disziplin professionell und wohl dosiert einsetzen – aber er muss sie einsetzen. Die Macht des Lehrers sollte auf seiner persönlichen Autorität basieren. Seine Amtsautorität ist wenig hilfreich, wenn es gilt Mitarbeiter und Kollegen zu führen.

62. Gute Lehrer sind Planungsfachleute

Ein Lehrer muss über eine klare Planungs- und Vermittlungsstruktur verfügen. Chaoten sind für diesen Beruf ungeeignet. Kreatives Chaos (wie manche das gerne verharmlosend benennen) bringt für den Unterricht in der Schule eben nur chaotische Ergebnisse. Nichts ist schlimmer im Unterricht, als wenn der Lehrer keine klaren Ziele vor Augen hat und deshalb die Schüler am Ende der Stunde nicht wirklich wissen, worum es eigentlich gegangen ist. „Wer

nicht weiß, wohin er will, muss sich
nicht wundern, wenn er ganz woanders
rauskommt" formulierte Mager 1978.
(R.F. Mager: Lernziele und
Unterricht, Weinheim 1978)

63. Lehrergesteuerter Unterricht bringt die besten Lernerfolge

Lehrergesteuerter Unterricht (man
kann auch Frontalunterricht sagen)
heißt, dass der Lehrer alle
unterrichtlichen Aktivitäten anregt,
anweist, kontrolliert und bewertet.
Gekonnter lehrergesteuerter
Unterricht verlangt vom Lehrer großen
Einsatz. Er muss seinen Stoff von
Grund auf beherrschen, er muss diesen
schülergerecht aufbereiten, er muss
jederzeit Herr der Situation im
Klassenzimmer sein. Er ist der
Steuermann, der beschleunigt, bremst,
lenkt, Pausen einlegt und die Schüler
animiert, selbst zu denken. Er
bestätigt und korrigiert die
Gedankengänge seiner Schüler. Er
trägt nicht nur vor (das ist das, was
manche Menschen fälschlicherweise als
Frontalunterricht bezeichnen),
sondern macht mit seinen Schülern
Schülerexperimente und diskutiert mit
ihnen über die Inhalte seines
Unterrichtsfachs und weitet im

Gespräch den Blick über den Tellerrand hinaus.

Dazu braucht man allerdings Schüler, die in der Lage sind, diszipliniert und konzentriert mitzuarbeiten. Es ist eine Mär, zu behaupten, im lehrergesteuerten Unterricht sei der Schüler nur passiv-rezeptiv anwesend. Denken ist ein äußerst aktiver Vorgang.

64. Gute Lehrervorträge bereichern den Unterricht und helfen verstehen

Ein interessanter und spannender Lehrervortrag kann für die Schüler ein Gewinn und eine Freude sein. Denken, Mitdenken, Nachdenken und Verstehen sind noch immer die Basis für jede Art von Erkenntnisgewinn – bei Vorträgen allgemein und selbstverständlich auch bei einem guten Lehrervortrag.

65. Guter Unterricht folgt nur wenigen Kriterien

Es gibt, wenn man es richtig bedenkt, nur ganz wenige Merkmale, die den Unterricht eines guten Lehrer auszeichnen.

– fachliches Wissen

– Klare Strukturen im Unterricht

– Flexibilität

- Konsequenz in der Erziehung
- Belastbarkeit
- Menschlichkeit

66. Disziplin ist die Voraussetzung für erfolgreichen Unterricht

Im Lexikon der Pädagogik kann man dazu lesen: „Disziplin: Die Schule als Sozialgebilde und Lerninstitution benötigt für ihr Funktionieren eine für Lehrkräfte, Eltern und Schüler verbindliche Ordnung. Dieser rechtlich-organisatorische Aspekt spiegelt sich in Gesetzen und Vorschriften, Verhaltenserwartungen und Mustern ihrer Durchsetzung. Die D. bezweckt die Aufrechterhaltung, sie wird durch die Ziele der Organisation legitimiert. Kontrovers ist deshalb i.d.R. nicht die Erwartung von D., sondern der Kontext und die Norm, für deren Geltung und Anerkennung sie gefordert werden."
Disziplin meint also nichts anderes, als das Einhalten von bestimmten Regeln oder Vorschriften und damit das Zurückstellen von eigenen spontanen Bedürfnissen. Ohne ein gewisses Maß an Disziplin ist Unterrichten schlichtweg nicht möglich, wird sogar unsinnig.

67. Lehrer sind für die Aufrechterhaltung der Disziplin im Klassenzimmer verantwortlich

Eine notwendige - inzwischen leider fast schon zentrale - pädagogischen Aufgabe des Lehrers ist die Herstellung von Disziplin im Klassenzimmer. Alles Lamentieren über das schreckliche Verhalten von Schülern ist sinnlos, wenn die einzelne Schule und der einzelne Lehrer nicht sofort und strikt auf Fehlverhalten reagiert.
Wenn alle Lehrer eines Kollegiums an einem Strang zu ziehen bereit wären, (was allerdings eine Illusion sein dürfte) so wäre es eine Sache von relativ kurzer Zeit, bis man eine Schule wieder in einen Ort des sinnvollen und vernünftigen Lernens verwandelt hätte. Jedes Verhalten hat eine Antwort verdient; positives Verhalten eine positive, bestätigende Antwort und negatives Verhalten eben eine negative, korrigierende Antwort. Negatives Verhalten zu ignorieren, wie es viele Pädagogen wider besseren Wissens in den 70er, 80er und teilweise noch in den 90er Jahren propagiert haben, war mit eine der großen fehlgeleiteten pädagogischen

Illusionen der letzten Jahrzehnte. Negatives Verhalten, das ignoriert wird, verschwindet nicht, sondern wird als Erfolg erlebt und damit noch verstärkt.

68. Disziplin ist der Weg zur Selbstdisziplin und damit zur persönlichen Freiheit

Disziplin muss einerseits von außen eingefordert werden aber andererseits soll Disziplin immer Selbstdisziplin zum Ziel haben. Über die äußere Disziplin zur Selbstdisziplin sollte das Credo auch für die Schule sein. Dafür braucht es stabile Lehrer, die freundlich aber bestimmt Disziplin einfordern – und auch selbst zeigen. Lehrer, sollten den Schülern helfen, Selbstdisziplin zu entwickeln, wenn diese im Elternhaus nicht gefördert wurde. Wer schon als Kind selbstbeherrscht ist, hat größere Chancen auf Erfolg im Leben – und zwar nahezu unabhängig vom Intelligenzquotienten. Selbstbeherrschte Kinder werden zu erfolgreicheren Erwachsenen als weniger kontrollierte Kinder. Dieses Fazit ziehen Forscher aus den Ergebnissen einer Studie, in der sie den Charakter und den Lebensweg von

rund 1000 Menschen von ihrer Geburt
bis ins Alter von 32 Jahren verfolgt
haben.

69. Schüler und Lehrer haben ein Recht auf störungsarmen Unterricht

In der Schule haben alle Schüler ein
Recht darauf, ungestört unterrichtet
zu werden sodass sie, wenn sie
wollen, etwas lernen können. Der
Lehrer hat das Recht, möglichst
ungestört und unbehelligt seiner
Arbeit, nämlich Unterricht zu
gestalten, nachgehen zu können. Dafür
muss jeder Lehrer zunächst einmal
selbst sorgen, mit allen ihm zur
Verfügung stehenden Mitteln – und das
sind leider nicht sehr viele. Zum
anderen muss die Institution,
vertreten durch den Schulleiter, die
Schulaufsicht und das Ministerium,
mit geeigneten Mitteln ebenfalls
dafür sorgen, dass unterrichtet
werden kann. Es gibt keinen
störungsfreien Unterricht, aber es
gibt Techniken, Störungen
vorzubeugen und es gibt klare
Maßnahmen, störende Schüler zur
Rechenschaft zu ziehen.
Es kann keine allgemeingültigen
Regeln zum Umgang mit Störungen und
Konflikten geben, denn es ist die

Persönlichkeit des Lehrers, die
seinen Umgang mit Störungen und
Konflikten steuert. Ein gutes
„Classroom management" – vom Lehrer
verinnerlicht und gekonnt eingesetzt
– kann Störungen vorbeugen, aber
dennoch nie ganz verhindern. Es gibt
nun einmal Schüler, die stören wollen
– ganz gleich wie man „managt".

70. Psychologische Verfahren taugen meist nicht für den alltäglichen Unterricht

„Störungen haben Vorrang" hat Ruth
Cohn in den 70er Jahren u.a.
postuliert (Cohn, Ruth: Von der
Psychoanalyse zur themenzentrierten
Interaktion; Stuttgart 1975). Dieser
Ansatz der „Themenzentrierten
Interaktion", der eigentlich ein
therapeutischer Ansatz ist, wurde von
Pädagogen recht unreflektiert auf die
Schule übertragen. Eine Schulklasse
ist keine Therapiegruppe und der
Lehrer kein Therapeut. Versucht er
trotzdem zu therapieren, so richtet
er meist mehr Schaden an, als dass er
hilft.
Ähnliches gilt auch für die Ansätze
von Gordon. Das Gordon-Modell ist ein
Modell zur Lösung von Konflikten
mithilfe kommunikativer Regeln. Es
ist klar, dass es hier nicht um die

schnelle Behebung von akuten
Unterrichtsstörungen geht, sondern um
eine zeitaufwendige Form der
Konfliktbewältigung. Damit verbietet
sich diese Methode im alltäglichen
Unterricht. Konfliktbewältigung nach
Gordon hat seinen Platz außerhalb des
Klassenzimmers.

„Schuster bleib bei deinem Leisten":
Lehrer tu das, was du eigentlich
kannst (können solltest), nämlich
unterrichten und überlasse
psychologische Interventionen denen,
die das können, den Psychologen.

71. Die Lehrer sollten wieder mehr auf die Ausbildung der Sekundärtugenden achten

Es scheint in unserer westlichen
Gesellschaft einen Mindestkonsens
über Gewaltlosigkeit, Respekt,
Einhaltung von Regeln, Höflichkeit,
Ordnung und Sauberkeit zu geben. Wer
hier lebt, hat sich an diesen
Wertvorstellungen zu orientieren. Man
sollte diese Werte auch nicht
„Sekundärtugenden" nennen, denn sie
sind für das Zusammenleben von
Menschen grundlegend und deshalb
primär.

72. Methodenzirkus hilft weder dem Lehrer noch dem Schüler

Viele der publizierten Methoden für den Unterricht sind sinnloser Aktionismus, der den Lernprozess eher behindert anstatt ihn zu fördern. Manche Methoden werden im Unterricht so unreflektiert eingesetzt, dass man sich gelegentlich des Eindrucks nicht erwehren kann, dass die Schüler durch den Einsatz von Medien eher verwirrt wurden, anstatt etwas gelernt zu haben.

73. Motivation ist wichtig für erfolgreiches und nachhaltiges Lernen

Sprenger schrieb in seinem Band "Mythos Motivation" (1995): "Als wir den Sinn unserer Arbeit nicht mehr sahen, begannen wir über Motivation zu reden". Motivation ist ein Dauerbrenner in der Lehreraus- und -weiterbildung. Ständig hört man im Studium, im Vorbereitungsdienst und in den Fortbildungen die Aussage, dass der Lehrer die Schüler motivieren müsse. Schüler müssen aber nicht motiviert werden müssen, Schüler müssen motiviert sein. „Die heutigen Motivationstheorien mögen wissenschaftlich noch so interessant und brauchbar sein, als

Interpretations- und Handlungsrezepte für den Lehrer sind sie entweder unbrauchbar oder schädlich oder beides.“

74. Jeder ist unbestreitbar die Sache jedes Einzelnen

Motivation ist der Antrieb, aus dem heraus ein Mensch etwas tut oder lässt. Was aber letztlich einen Menschen antreibt, etwas Bestimmtes zu tun oder zu wollen, ist nach wie vor nicht klar bestimmbar. Letztlich kommt immer alles aus dem Menschen selbst heraus, entspringt seinen höchst eigenen Antrieben. Der Schüler bringt eine bestimmte Art von Motivation mit, die ihm das Lernen in der Schule erleichtern oder erschweren.

75. Der Lehrer kann einen Schüler nicht motivieren, er kann nur Interesse wecken

Wenn sich ein Schüler für eine Sache wirklich interessiert, kann auch ein schlechter Lehrer diesen Schüler meist nicht von seinem Interesse abbringen. Umgekehrt kann kein Lehrer einen Schüler, der absolut kein Interesse hat und sich völlig verweigert, zum Lernen anregen. Die

Forderung an den Lehrer kann immer nur lauten, wie kann er den Inhalt so aufbereiten, dass dieser für den Schüler (der will) interessant sein könnte. Der Lehrer muss Interesse wecken, aber die Motivation zu lernen, ist vom Schüler mitbringen.

76. Motivationszauber verhindert guten Unterricht

Lehrer sollten erst gar nicht versuchen, ein großes Motivationsszenarium zu inszenieren, sie sollten sagen, worum es geht und mit einem interessanten Unterricht die Neugier für einen Inhalt zu wecken versuchen. (Grell, Jochen u. Monika: Unterrichtsrezepte, Beltz 1996[11]). Auf Das Ehepaar Grell formulierte folgende (böswillige) Namen für die schulische Motivation (unvollständig wiedergegeben: Werbetrick, alberner oder lustiger Gag, Verführungsversuch, bewusstes Anlügen, Theater spielen, Effekthascherei, Kinder nicht ernst nehmen, Köderungsversuche usw. Schüler merken sehr schnell, dass der ganze Motivationszauber nur dazu dient, sie zu ködern und nicht inhaltlich bezogen ist.

77. Hohe Anforderungen steigern die Motivation

Wenn man alles ohne Anstrengung serviert bekommt, zählt die erbrachte "Leistung" nichts mehr und man kann sich auch nicht mehr daran erfreuen. Das sollten sich Eltern und Lehrer immer vor Augen halten, wenn sie von ihren Kindern beziehungsweise ihren Schülern nichts mehr fordern, was deren Anstrengung und Mühe notwendig macht. Lehrer und Eltern müssen, wenn sie die Kinder fördern wollen, klare und erreichbare Leistungsforderungen an sie stellen. Auf diese Weise kann man Interesse an einer Aufgabe vielleicht zur Motivation werden lassen. Je schwieriger der angestrebte Endzustand zu erreichen war, desto stolzer ist man auf seine erbrachte Leistung. Das zeigt, dass „motiviert lernen" nicht gleichbedeutend ist mit „leicht lernen".

78. Der familiäre Hintergrund bestimmt weitgehend den Lernerfolg der Schüler

Die Persönlichkeit des Schülers wird von seinen Anlagen, seinem familiären Umfeld und der Clique maßgeblich geprägt.

Ein Faktor für wirksamen Unterricht (im Sinne von nachhaltiger Wissensvermittlung), der kaum zu hoch eingeschätzt werden kann, ist der familiäre Hintergrund. Die Einstellung der Familie zum Unterricht und zur Schule allgemein prägt ganz entscheidend das Verhalten der Kinder in der Klasse und beim Lernen. Eltern, die keinerlei Interesse am Lernen ihrer Kinder haben, oder andere, die ihre Kinder grenzenlos überfordern wirken direkt negativ auf das Lernverhalten der Schüler ein. Wenn Eltern aber positiv gegenüber der Schule und dem Lernen eingestellt sind, so werden sie für ein angemessenes Verhalten ihrer Kinder im Unterricht sorgen und das Lernen verstärkend unterstützen. Diese Tatsache ist unabhängig von der Schichtzugehörigkeit.

79. Falsch verstandene Teameuphorie und ständige Gruppenarbeit im Unterricht erschweren das Lernen

Kann man wirklich im Team lernen? Meist nicht. Lernen ist ein absolut individueller Vorgang, der bei jedem Einzelnen in seinem Kopf und nur in seinem Kopf abläuft. Mitschüler sind da eher störend als hilfreich. Hat man in einem individuellen Lernvorgang seine eigenen Gedanken entwickelt, so kann man in der Gruppe, im Team, dieses neu erworbene Wissen, diese neuen Gedanken auf den Prüfstand stellen und im Austausch mit den anderen seine eigenen Ideen weiterentwickeln. Ein Team ist dann erfolgreich, wenn jedes Mitglied mit einem guten und fundierten Wissen ausgestattet ist und dieses Wissen im Austausch mit anderen erweitert und damit vielleicht kreativ neue Gedanken entwickelt.

80. Guter Unterricht ist für Schüler und Lehrer anstrengend

Wirklich „guter Unterricht" erfordert von Lehrern und Schülern intensive Arbeit. Der Lehrer, der guten Unterricht durchführen möchte, muss viel Arbeit in die Vorbereitung, Durchführung und Nachbereitung stecken. Er muss die Techniken der Klassenführung kennen und professionell einsetzen können. Der Schüler, der guten Unterricht erleben will, muss sich aktiv einbringen und darf die Mühe des Mitdenkens und Mitarbeitens nicht scheuen.

81. „Überzeugungstäter" haben es im Lehrerberuf schwer

„Überzeugungstäter", also solche, die immer schon Lehrer werden wollten, scheitern häufig in diesem Beruf, weil sie illusionsbeladen in die Schule einfallen und dann völlig frustriert feststellen müssen, dass ihre ach so hehren Ideen den Realitäten nicht gewachsen sind. Dieser Praxisschock, hat viele, zunächst hoch motivierte Lehrer zu Fall gebracht und mit den Jahren in „outgeburnte" Wracks verwandelt. Die Schüler haben ein Recht darauf, gut ausgebildete Lehrer zu haben, die ihr Fach beherrschen, die sich mit der Situation Schule arrangieren können und die sich bemühen, guten Unterricht zu halten.

82. Viele Lehrer haben ihren Beruf aus sachfremden Erwägungen heraus ergriffen

Für einige Menschen ist der Lehrerberuf die letzte Möglichkeit gewesen, nach einem abgebrochenen Studium in einem andern Fach doch noch einen einigermaßen sinnvollen Abschluss zu erwerben. Manche wollten in jungen Jahren alles andere als Lehrer werden, aber irgendeine Weiche im Leben hat diese Menschen dann irgendwann auf das Gleis geschoben, auf dem man Lehrer wird. Das sind oft nicht die schlechtesten Voraussetzungen, um ein guter Lehrer zu werden, wenn, ja wenn diese Menschen ihr, "Los" akzeptieren und sich professionell mit dem Lehrerberuf arrangieren. Es gibt viele Gründe, weshalb man sich für den Lehrerberuf entscheidet. Es kann natürlich aus Überzeugung geschehen. Sachfremde Erwägungen wie z.B. dass Frauen in kaum einem anderen Beruf, Arbeit und Familie (vermeintlich) so gut kombinieren können sind nicht selten. Aus diesem Grund ist der Frauenanteil im Lehrerberuf recht hoch.

83. Junglehrer haben es oft (zu) schwer

Schulleitungen, Kollegen und Eltern können den frischgebackenen Lehrern den Berufseinstieg sehr schwer machen Nach bestandenem zweitem Staatsexamen oder nach den Prüfungsordnungen eines Bachelor- oder Masterstudiengangs hat der Junglehrer nun eine Stelle erhalten. Verantwortungsbewusste Schulleiter geben dem Junglehrer, der ja noch keine Erfahrung hat, für den Berufseinstieg solche Klassen, die

nicht allzu schwierig sind, damit der
junge Kollege sich in seine neue
Rolle gut und dosiert einfühlen und
hineinfinden kann. Manche Schulleiter
tun aber das genaue Gegenteil: sie
geben dem jungen Kollegen gerade
solche Klassen, die kein anderer
Lehrer mehr will, da sie schwierig zu
unterrichten sind. So wird manchem
Junglehrer der Einstieg in den
Berufsalltag so richtig vergällt.
Selbstverständlich werden alle
Schulleiter unisono dementieren und
behaupten, alle diese möglichen
Härten seien nicht anders zu regeln
gewesen.

84. Lehrer und Eltern stehen sich oft feindselig gegenüber

Sind die Kinder in der Schule gut, so
ist das selbstverständlich das
Verdienst der Eltern oder der
intelligenten Schüler selbst. Sind
die Kinder jedoch schlecht, so ist
das unweigerlich die Schuld der
unfähigen Lehrer, die die eigentliche
Begabung des Schülers nicht richtig
erkannt und gefördert haben. Eltern
geben eigene Erziehungsversäumnisse
in den seltensten Fällen zu.
„Helikoptereltern" überbehüten ihre
Sprösslinge so sehr, dass diesen kaum

eine Chance gegeben wird, einen eigenen, selbstverantwortlichen Lebensweg zu finden. Solche Eltern verhindern die Entwicklung zu einer eigenständigen Persönlichkeit und fördern die Unselbstständigkeit. Im Spiegel 33/2013; Kampfauftrag Kind, Von Kullmann, Kerstin: Aus Angst, der Nachwuchs könnte im Leben scheitern, überwachen Eltern ihre Kinder. Aus nächster Nähe kontrollieren sie, natürlich voller Liebe, Schullaufbahn, Studium und Karriere. Ob aus den behüteten Geschöpfen glückliche Erwachsene werden, ist fraglich.

Immer wieder liest man haarsträubende Berichte von Eltern, die massiv gegen Lehrer vorgehen, weil sie diese für alle Missstände des eigenen Erziehungsversagens verantwortlich machen. Eltern die den Lehrern, den „faulen Säcken", schon immer misstraut haben, wollen diesen erklären, wie man ihren eigentlich doch hochbegabten Kindern (die vielleicht aber mental etwas unterentwickelt sind) Mathematik so beibringt, dass sie nur noch gute Noten mit nach Hause bringen können. Zeugungsfähigkeit impliziert noch nicht Erziehungsfähigkeit.

85. Etwa ein Drittel aller Lehrer ist ungeeignet für diesen Beruf

Uwe Schaarschmidt hat mit seinem Team in den Jahren 2000 bis 2006 eine Längsschnittstudie, die sogenannte Potsdamer Lehrerstudie, durchgeführt. Darin werden vier Grundtypen von Lehrern beschrieben, die zwar so in Reinform nie vorkommen, aber doch zeigen, dass bestimmte persönliche Verhaltensweisen für diesen Beruf eher negativ belastend oder doch positiv fördernd sind. Ergebnis dieser Studie ist, dass nur ca. 17% aller Lehrer „gesunde" Lehrer sind. Das sind eindeutig zu wenig. Ca. 60% kommen in diesem Beruf zurecht, ohne größere Probleme zu bekommen. Für ca. 23% aller Lehrer birgt dieser Beruf gesundheitliche Gefahren. Da es aber die von Schaarschmidt beschriebenen Lehrertypen nicht in Reinform gibt, kann man davon ausgehen, dass wohl ein Drittel der als Lehrer arbeitenden Menschen als ungeeignet für diesen Beruf ansehen. Das sind zu viele.

86. Der Lehrerberuf kann krank machen, wenn man ihn nicht mit Distanz ausübt

Die Belastung im Lehrerberuf kommt von der dauernden und unausweichlichen, personenbezogenen Auseinandersetzung im Klassenzimmer. Andere Berufsgruppen, die mit Menschen zu tun haben, wie z.B. Psychologen, müssen sich normalerweise mit nur einem Individuum oder höchstens mit einer sehr kleinen Gruppe auseinandersetzen. Sie werden von ihren Patienten oder Klienten meist respektiert und haben auch berufliche und private Rückzugsmöglichkeiten. In kaum einem andern Beruf wird man als Mensch so umfassend gefordert wie im Lehrerberuf. Aber nur kein Mitleid – Lehrer haben sich diesen Beruf selbst ausgewählt – wenn vielleicht auch mit völlig falschen Vorstellungen und Voraussetzungen. Es sind vor allem die Verhaltensprobleme der Jugendlichen, die den Lehrerberuf so belastend machen: Das Aggressions- und Gewaltpotential der Schülerinnen und Schüler ist ein besonders belastender Faktor für die Lehrergesundheit. Um diesen Beruf unbeschadet zu überstehen brauchen die Lehrer viel Widerstandskraft (Resilienz), um all die

Herausforderungen, die im Berufsleben auftauchen, meistern zu können.

87. Die Lehrerausbildung ist nicht gut

Auch hier verhindert die Bildungshoheit der Länder eine bundesweit einheitliche Lehrerausbildung auf gleichem Niveau. In manchen Bundesländern gibt es noch das erste und zweite Staatsexamen für das Lehramt, in anderen Ländern wird nach Bachelor- und Masterstudiengängen ausgebildet. In Baden-Württemberg gibt es noch die Pädagogischen Hochschulen. Diese einmalige Erscheinung ist völlig überholt und eigentlich ein Anachronismus. Aus diesen sehr unterschiedlichen Ausbildungsordnungen in den verschiedenen Bundesländern kann keine niveauvolle und vergleichbare Lehrerausbildung erwachsen.

88. Die erste Phase der Lehrerausbildung sollte rein fachlicher Natur sein

In der ersten Phase der Lehrerausbildung (auch im Grund-, Haupt- und Realschulbereich) sollten sich die Studenten – nach dem Praxissemester – vorrangig ihren beiden Fächern widmen. Zusätzlich sind selbstverständlich dringend notwendige, grundsätzliche Kenntnisse in Pädagogik, Philosophie und Psychologie zu erwerben.

Ein Lehrer muss wieder den Mut haben, auf der Basis seines Fachwissens zu lehren und zu unterrichten. Es ist eine Binsenweisheit, dass nicht automatisch ein guter Fachmann auch schon per se ein guter Lehrer ist. Aber ohne Fachwissen ist er es ganz sicher nicht.

Nur wer ein fundiertes Fachwissen besitzt, steht sicher vor einer Klasse, kann sein Wissen sinnvoll didaktisch reduzieren und an seine Schüler weitergeben.

89. Die Zweite Phase dient der pädagogisch – didaktischen Ausbildung. Hier findet die eigentliche Lehrerausbildung statt

Ein Aspekt, der eigentlich den Kern der Lehrerausbildung darstellt, aber in der Öffentlichkeit kaum Beachtung findet, ist die Ausbildung der Lehrer in der so genannten zweiten Phase, dem Vorbereitungsdienst oder Referendariat. Eine an sich wichtige und auch positive Einrichtung – nämlich die der Seminare (staatliche Seminare für Didaktik und

Lehrerbildung) - wird durch ständiges politisches Herumexperimentieren in ihrer Arbeit behindert und sogar teilweise infrage gestellt. Insgesamt scheint die Qualität der Referendarsaubildung in den verschiedenen Bundesländern nicht gerade sehr hoch zu sein. In Gesprächen und im Internet findet man zuhauf Beschwerden von Referendaren über unfähige Ausbilder.

90. Vor der zweiten Phase sollte ein Jahr lang ein Praxistest an einer Schule erfolgen

Für die verschiedenen Lehrämter wurde vor einigen Jahren ein sogenanntes Praxissemester eingeführt. Ein richtiger Weg. Wenn dieses professionell gestaltet wird, kann es dazu beitragen, weniger gut geeignete Menschen vom Lehrerberuf abzuhalten. Das Praxissemester sollte zeitlich deutlich ausgeweitet werden, damit der Praktikant auch wirklich alle Facetten des Schullebens erleben kann. Es kann nicht darum gehen, einen bloßen Schnupperkurs von einigen Wochen zu absolvieren. Der Schulalltag könnte mit solchen pädagogischen Praktikanten übrigens sehr viel einfacher, pädagogischer und auch noch kostenneutraler vollzogen werden. Die Praktikanten wären einerseits eine hilfreiche Entlastung für Lehrer, die sich dann ihrer eigentlichen Aufgabe – nämlich unterrichten - widmen könnten. Für den Praktikanten böte sich in dieser Zeit andererseits die wichtige Chance, herauszufinden, ob er wirklich für den Lehrerberuf geeignet ist - oder eben nicht.

91. Die Lehrerseminare (die es nicht mehr in allen Bundesländern gibt) sind oft nicht in der Lage, ihre pädagogischen Aufgaben zu erfüllen

Das eigentliche pädagogische Rüstzeug für die Bewältigung von Unterricht sollen die Lehramtsanwärter dann in der zweiten Phase der Lehrerausbildung, dem so genannten Vorbereitungsdienst oder Referendariat mit auf den Weg bekommen. Da werden alte, schon fast „outgeburnte" Kollegen oder junge, gerade selbst erst in den Schuldienst eingetretene Lehrer ohne jede Erfahrung, oder solche, die gar kein Interesse an einem Anwärter haben, vom Schulleiter dazu „verdonnert", einen solchen „Lehrling" als Meister zu betreuen. Zu viele Anwärter

berichten über falsche, faule,
unfähige und desinteressierte
Mentoren. Es gibt aber
selbstverständlich auch (und das ist
noch immer die Mehrzahl) gute und
engagierte Kollegen, die als Mentoren
arbeiten.

92. Die Ausbildung der Seminarmitarbeiter ist oft nicht ausreichend für diese wichtige Aufgabe

Nur die besten Lehrer sollten
ausbilden dürfen - und es sollte eine
Ehre sein, einen Anwärter auf seinem
Weg zum fertigen Lehrer begleiten zu
können. Dazu gehört aber, dass
Mentoren zunächst einmal selbst
ausgebildet werden müssen. Im
Handwerk darf nur ein Meister und
kein Geselle Lehrlinge ausbilden. Bei
den Lehrern bilden Lehrer, Lehrer aus
- ohne die geringste
Zusatzqualifikation (außer vielleicht
mal einer kleinen Fortbildung)
erwerben zu müssen. Dabei ist unter
den Lehrern häufig weit und breit
kein "Meister" in Sicht. Eine
Berufsgruppe, die nach
weitverbreiteter Meinung, alle
bestehenden Übel der gesamten Nation
kurieren können soll, wird nicht gut
ausgebildet, sondern völlig

unzureichend auf ihren Beruf
vorbereitet.

93. Lehrer sollten die Elite und nicht die Fußabstreifer der Gesellschaft sein

Die Lehrer sind heute noch immer die
Fußabtreter der Nation. Alles, was
gesellschaftlich nicht klappt, sollen
die Lehrer richten und wenn das –
logischerweise - nicht funktioniert,
sind eben die Lehrer die Versager. So
versuchte und versucht man Lehrern
ständig einzureden, dass sie Versager
und die eigentlich Schuldigen an der
gesellschaftlichen Misere seien.
Vorurteile, die den Lehrern in
Deutschland allenthalben
entgegengebracht werden: Hoher
Verdienst, Halbtagsjob, zu viele
Ferien, keine richtige Arbeit, eben
die „faulen Säcke" der Nation, die
dem Steuerzahler auf der Tasche
liegen, unkündbar sind und auch noch
gigantische Pensionen kassieren.
Viele Lehrer sind es leid, sich gegen
diese allesamt falschen Vorurteile
zur Wehr zu setzen. In anderen
Ländern genießen die Lehrer hohes
Ansehen und können dementsprechend
selbstsicher agieren und mit Stolz
ihren Beruf nennen, wenn sie gefragt

werden.

94. Lehrer machen es sich selbst oft schwer in der Gesellschaft

Lehrer sind schon eine ganz eigene Spezies.

Wo liegen die Ursachen dafür, dass Lehrer in weiten Bevölkerungskreisen so unbeliebt sind?

Lehrer sind rechthaberisch, selbstsüchtig, larmoyant, haben keinen Anstand, kleiden sich schlecht und mit ihrer gesunden Halbbildung meinen sie auch noch, immer alles besser zu wissen. Jede Berufsgruppe hat ihre spezifischen Macken, ihre „déformation professionelle", aber die Macken der Lehrer sind in der Tat manchmal schwer zu ertragen. (Vergleiche die Bemerkungen von Theodor W. Adorno: Tabus über den Lehrerberuf). Lehrer verstoßen häufig gegen alle Regeln des Anstandes und des menschlichen Miteinanders. Lehrer sind häufig vorlaut, reden dazwischen, hören nicht zu und sind untereinander und auch anderen gegenüber oft recht rüde im Ton. Und solchermaßen ungezogene Menschen sollen unsere Kinder erziehen.

95. Jede gut funktionierende Institution wird von fähigen Vorgesetzten geleitet

Jede Institution ist nur so gut wie ihre Leitung. Effektiv und effizient arbeitende Behörden werden von qualifizierten Vorgesetzten geleitet. Ein Schulleiter, ein Behördenchef oder ein Seminarleiter kann das ihm unterstellte System durch seine Kompetenz zu einer wirklich wirkungsvollen Institution formen. Er kann aber durch Inkompetenz das System recht schnell auf einen falschen Weg dirigieren und vor die Wand fahren lassen. Vorsicht also bei der Personenauswahl in Führungspositionen. Das weiß man schon lange aber die Politik ignoriert hier sehr oft die Fakten. Da werden wer weiß was für Kriterien - man könnte diese als sekundäre Hilfskriterien bezeichnen - für eine Stellenbesetzung herangezogen. Übrigens: Politische Ämter werden ja meist auch nicht nach Qualifikation besetzt.

Nachbemerkung

Die Diagnose – nach den Thesen – lautet: Die Schule in Deutschland verliert immer mehr an Niveau und entlässt Schüler, die den Bedingungen des gesellschaftlichen Lebens und der Arbeitswelt kaum mehr gewachsen sind. Die Gesellschaft bürdet der Schule Aufgaben auf, die sie nicht bewältigen kann. Mit ihren unrealistischen und weltfremden Ideen haben Pädagogen und Politiker das Schulwesen an die Wand gefahren.

Schule soll das tun, wofür sie einstmals geschaffen wurde und was ihre Aufgabe bis heute ist, nämlich Unterrichten. Alle weiteren gesellschaftlich relevante Aufgaben, wie die Betreuung von Kindern und Jugendlichen, müssen von anderen Institutionen übernommen werden. Die Schule darf keine Betreuungs- und Therapieanstalt sein.

Es war schon immer klar, dass Lehrer nicht „Lernen machen können". Der Lehrer soll (zuallererst) Wissen vermitteln, dann durch die Förderung von erkannten Begabungen, Können ermöglichen und schließlich, wenn möglich, Einstellungen durch Vorbild prägen. Die Basis seines Berufs ist aber die Wissensvermittlung.

Jemand, der etwas kann, bringt jemand anderem, der das noch nicht kann, etwas bei und hilft diesem dabei, das neue Wissen zu verstehen und darüber hinaus zu weiterführendem Denken, zu neuem Wissen, zu gelangen. Der Lehrer „versorgt" seine Schüler mit Wissensbeständen, die ihnen eine sichere, allgemeinbildende Basis bietet, ganz gleichgültig, welchen Beruf sie einmal ergreifen wollen.

Das ist die Aufgabe eines Lehrers und nicht die sozialpädagogische Betreuung von fehlgeleiteten und fehlerzogenen Schülern.

Hierfür ist ein Unterricht notwendig, der, aufbauend auf einer gelungenen Lehrer-Schüler-Beziehung, von den Schülern Anstrengung einfordert. Dafür muss der Schüler bereit sein, sich auf schulisches Lernen einzulassen und sich aktiv am Unterricht zu beteiligen. Dem Lehrer muss es gelingen, seine Schüler zu sinnverstehendem Denken anzuregen – auf dem Niveau der jeweiligen Schulart.

Schüler müssen endlich wieder Schüler sein, die etwas lernen sollen und wollen und nicht von einem Lehrer „gecoacht" oder „lernbegleitet" werden. Sie müssen bereit sein, sich anzustrengen und Leistung zu erbringen. Es ist ein Unding, was sich an manchen Schulen in Deutschland momentan abspielt. Bei „Youtube" kann man beispielsweise unter dem Stichwort „Lehrer" oder „Unterricht" von Schülern mit dem Handy aufgenommene Szenen finden, die nichts, aber auch gar nichts mehr mit Unterricht zu tun haben. Schüler, die machen was sie wollen, hilflose Lehrer am Rande des Zusammenbruchs und weit und breit kein Unterricht.

Lehrer müssen wieder den Mut haben, zu unterrichten und sie müssen die Mittel in die Hand bekommen, um einen einigermaßen störungsfreien Unterricht durchsetzen zu können. Nicht die Juristen dürfen in der Schule das Sagen haben, sondern die Lehrer mit ihrer pädagogischen Verantwortung.

Disziplin im Klassenzimmer muss wieder eine Selbstverständlichkeit werden. Das hat nichts mit „Kadavergehorsam" zu tun, wie das von manchen Pädagogen formuliert wird. Äußere Disziplin ist immer eine Vorstufe zu innerer Disziplin – Selbstdisziplin. Selbstdisziplin ist es, was für eine positive Verhaltenssteuerung notwendig ist. Ohne ein gewisses Maß an Selbstdisziplin kann man nur im Chaos versinken – so wie manche Schulen das heute bereits tun.

Damit Lehrer ihre wichtige Aufgabe gut erledigen können, ist eine hochwertige

Ausbildung in fachlicher und pädagogischer Hinsicht notwendig. Eine fachliche Ausbildung in der ersten Phase, dem Universitätsstudium, das auch eine Auseinandersetzung mit psychologischen und pädagogischen Theorien einschließt. Die darauf folgende praxisorientierte Ausbildung in der zweiten Phase an den Seminaren, könnte ein Garant für eine professionelle Lehrerausbildung sein, wenn sie nicht so dilettantisch organisiert wäre.

Auch das Thema Inklusion, das wohl aus einer gewissen idealisierenden Pädagogik heraus entstanden ist, sollte von den Seminaren kritisch hinterfragt und nicht, wie es sich momentan abzeichnet, in teilweise vorauseilendem Gehorsam, in die Ausbildung aufgenommen werden.

Fazit: Befreit die Schulen von unnötigem, aufgeblähtem pädagogischem Ballast und lasst die Lehrer endlich wieder Lehrer sein und „ganz normal" unterrichten.

TWENTYSIX – der Self-Publishing-Verlag
Eine Kooperation zwischen der Verlagsgruppe Random House und BoD – Books on Demand

Herstellung und Verlag:
BoD – Books on Demand, Norderstedt
ISBN: 9783740750725